영재교육을 위한
엔트리 교과서 코딩
(수학 · 통합교과)

2018년 4월 22일 1판 1쇄 발행

저　　자	박재일 · 이광재
발 행 자	김남일
기　　획	김종훈
마 케 팅	정지숙
디 자 인	디자인클립

발 행 처	TOMATO
주　　소	서울 동대문구 왕산로 225
전　　화	0502.600.4925
팩　　스	0502.600.4924
Website	www.tomatobooks.co.kr
e-mail	tomatobooks@naver.com

Copyright 박재일 · 이광재, 2018. Printed in Korea

이 책에 실린 모든 내용, 디자인 이미지, 편집 구성의 저작권은 박재일, 도서출판 TOMATO에 있습니다.

저작권법에 의해 저작물의 무단 전재 및 무단 복제를 금합니다.
파본은 구입하신 서점에서 교환해 드립니다.

ISBN   978-89-91068-88-9   53500

수학·통합교과

머리말

2007년 1월 9일, 한 남자의 발표로 세상이 바뀌었습니다. 세상을 바꾼 사람은 애플의 CEO였던 스티브 잡스. 이날 스티브 잡스는 세상에 아이폰을 소개했습니다.

"오늘 애플은 전화를 다시 발명합니다."

주머니에 들어가는 무게 142그램짜리 슈퍼컴퓨터 아이폰은 그렇게 생각을 바꾸었습니다.

아이폰으로 인해 많은 사람이 주머니에 슈퍼컴퓨터를 넣고 다니게 되었습니다. 이 아이폰으로 우리가 앱이라고 부르는 수많은 혁신적인 어플리케이션이 만들어졌습니다.

우리는 이제 스마트폰과 인터넷만 있다면, 언제 어디에서나 일을 할 수 있고, 게임과 인터넷 쇼핑도 할 수 있습니다. 원하는 옷을 살 수 있고, 사진을 찍고 인터넷 올려서 전 세계 사람들이 그 사진을 보게 할 수 있습니다.

이것이 바로 소프트웨어의 힘입니다. 마이크로소프트사를 만든 빌 게이츠, 페이스북을 만든 마크 저커버그, 이들은 모두 소프트웨어로 세상을 바꾼 사람들입니다.

지금 우리는 모든 것이 컴퓨터로 연결될 수 있는 사물인터넷 시대에 살고 있습니다. 이제 컴퓨터는 어디에나 있으며, 모든 것이 컴퓨터와 연결될 수 있습니다. 이 사물인터넷 시대 뒤에는 보이지 않는 소프트웨어가 있습니다.

이제는 3차 산업혁명을 넘어서는 4차 산업혁명 시대라고 합니다. 4차 산업혁명으로 인하여, 대부분의 산업은 지식과 기술 중심의 산업으로 획기적으로 변화할 것입니다. 4차 산업혁명 시대에서는 창의적인 아이디어를 기술, 지식, 제품과 융합하는 능력이 매우 중요합니다.

영국에서는 이미 소프트웨어 과목을 필수과목으로 지정하여 초등학교부터 소프트웨어를 교육합니다. 우리나라도 초등학교부터 소프트웨어를 배워야 합니다.

하지만 단순히 코딩만 잘하는 것이 아니라, 여러 가지 다양한 지식과 함께 소프트웨어를 이용해서 문제를 해결하는 능력을 키워야 합니다. 스티브 잡스는 이렇게 말했습니다.

"기술만으로는 충분하지 않다. 기술(Technology), 인문학(Liberal Arts), 인본주의(Humanity)가 합쳐져야 멋진 것이 된다."

다양한 과목과 소프트웨어를 융합하는 것이 매우 중요합니다. 교과서에서 배우는 내용으로 코딩을 한다면 깊고 넓게 생각할 수 있는 힘이 커질 것입니다.

이제 우리는 코딩을 모르면 안 되는 시대를 살아가야 합니다. 교과서에 있는 내용을 열심히 공부하고 넓고 깊게 생각하는 능력을 키운다면 우리는 스티브 잡스, 빌 게이츠, 마크 저커버그, 엘론 머스크가 될 수 있습니다.

열심히 공부하여 세상을 바꿔서, 역사를 새로 쓰는 멋진 사람이 되길 바랍니다.

책에 대하여

　코딩을 공부하고 싶은데 좋은 책을 찾지 못했나요? 코딩뿐만 아니라 다른 과목도 잘하고 싶나요? 그렇다면 이 책을 여러분에게 강력히 추천합니다.

　아이폰을 만든 스티브 잡스는 '모든 국민이 코딩을 배워야 한다.'고 말했습니다. 그런데 많은 학부모께서 코딩만 공부하다가 다른 과목은 잘하지 못할 수 있다고 생각합니다. 그렇다면 교과서에서 배우는 내용과 코딩을 같이 공부해보는 것은 어떨까요?

　이 책은 엔트리로 학교 교과목과 코딩을 한 번에 배우기 위해서 만들었습니다. 엔트리는 많은 학생이 코딩을 쉽고 재미있게 배울 수 있도록 만든 프로그램입니다. 엔트리는 MIT에서 만든 스크래치처럼 레고 블록을 쌓듯이 코딩을 합니다. 엔트리는 우리나라 학생이 더 쉽게 코딩을 할 수 있도록 만들어졌습니다. 스크래치에 없는 기능도 있고, 무엇보다 사용하기 매우 쉽습니다.

　교과서에서 배우는 내용으로 코딩하면서 다양한 작품을 만들면 교과서에 있는 내용도 더 이해가 잘 되고, 코딩이 더욱 재미있게 느껴질 것입니다. 그리고 어려운 전문용어를 사용한 것이 아니라, 초등학교 1학년 학생도 이해할 수 있도록 쉽고 자세하게 설명했습니다. 그리고 그림을 보고 따라 하다 보면 누구나 쉽게 코딩을 배울 수 있습니다. 마치 흥미진진한 소설을 읽는 것처럼 재미있게 코딩을 공부할 수 있습니다. 또한, 중요한 내용은 여러 번 반복해서 설명하므로 이 책을 읽다 보면 많은 내용이 머릿속에 남게 될 것입니다.

　이렇게 교과서와 코딩을 같이 공부하면 넓고 깊게 생각하는 힘이 커지게 됩니다. 그리고 소프트웨어와 다른 과목을 융합할 수 있는 힘도 생기게 됩니다. 생각하는 능력은

　매우 중요합니다. 문제를 발견하고 그 문제를 작게 나눠서 순서대로 해결하는 것, 이렇게 생각하는 능력을 컴퓨팅 사고력이라고 합니다. 그리고 넓고 깊게 생각하는 융합형 사고력도 중요합니다. 앞으로는 한 가지 과목만 잘하는 것이 아니라, 다른 과목도 골고루 잘하는 융합형 인재가 필요합니다. 이 책은 융합형 인재를 위한 최고의 교과서가 될 것입니다. 우리는 이 책을 통해서 생각하는 힘을 기르고 어려운 문제를 멋지게 해결하는 방법을 배울 것입니다.

　2018년을 기준으로, 1학년에서 배우는 국어, 수학, 통합교과(바른 생활, 슬기로운 생활, 즐거운 생활)에서 학습 주제를 골랐습니다. 소설책을 읽는 것처럼 즐거운 마음으로 공부하면서 교과서 내용도 잘 알고, 코딩 실력도 쑥쑥 키우길 바랍니다. 그리고 각 장마다 배운 내용을 정리할 수 있는 문제를 냈고 스스로 배운 내용을 확인할 수 있도록 체크리스트도 넣었습니다.

　책에 있는 내용을 따라 하다 보면 멋진 작품을 만들고 있는 자신을 발견하게 될 것입니다. 그리고 코딩공부를 더욱 쉽게 할 수 있도록 이 책에 나오는 모든 작품의 코드를 정리해 두었습니다.

　공부하다가 이해가 잘 안 되는 부분이 있으면 토마토북 엔트리 홈페이지(https://playentry.org/tomatobook)에 들어가서 코드를 확인해 보세요.

　또한 코딩을 더 쉽고 재미있게 공부할 수 있도록 카페에 많은 코딩 교육 자료도 준비했습니다. 토마토북 카페(http://cafe.naver.com/arduinofun)에 와서 많은 내용을 배워서 더 멋진 작품을 만들어 보세요.

차 례

Chapter 1 처음 만나는 엔트리

1. 안녕? 엔트리! ·· 12
2. 처음 만나는 엔트리 ·· 15

Chapter 2 수학

1. 숫자와 함께하는 신나는 코딩 ·· 52
2. 수학 퀴즈를 만들어요 1 ·· 74
3. 수학 퀴즈를 만들어요 2 ·· 99
4. 수학 퀴즈를 만들어요 3 ·· 117

Chapter 3 통합교과

1. 규칙을 이용해서 무늬를 꾸며요 ·········· 140
2. 단풍잎 떨어지는 가을 ·········· 158
3. 무궁화 꽃이 피었습니다 1 ·········· 173
4. 무궁화 꽃이 피었습니다 2 ·········· 183

Chapter 1

처음 만나는 엔트리

1. 안녕? 엔트리!
2. 처음 만나는 엔트리

소프트웨어로 배우는

1 안녕? 엔트리!

엔트리봇은 학교가 끝나고 스마트폰으로 친구에게 전화를 했습니다. 오늘 숙제가 무엇인지 궁금했습니다. 숙제는 우리 학교 주위에 있는 도서관의 위치를 조사하는 것입니다.

엔트리봇은 집에 돌아와서 컴퓨터를 켰습니다. 그리고 인터넷에 들어가서 검색하니 우리 학교 주위에 도서관이 3개가 있다는 것을 알았습니다. 엔트리봇은 집에서 가장 가까운 도서관이 어디에 있는지도 알았습니다.

주말에 도서관에 가서 친구와 함께 재미있는 소설을 읽을 생각을 하니 기분이 좋아졌습니다.

오늘 스마트폰으로 무엇을 했나요? 친구와 통화를 했나요? 아니면 예쁜 사진을 찍었나요?

만약 컴퓨터가 없어진다면 어떻게 될까요? 우리가 흔히 볼 수 있는 스마트폰을 쓸 수 없습니다. 스마트폰 같은 기계는 컴퓨터로 만들어지기 때문이죠. 여러분이 좋아하는 유튜브도 볼 수 없고 재미있는 게임도 할 수 없습니다.

그뿐만 아니라 엘리베이터나 자동문, 전기밥솥, 세탁기도 사용할 수 없습니다. 그리고 은행, 지하철, 공항도 마비될 것입니다. 컴퓨터는 우리 세상에 없어서는 안 될 소중한 발명품입니다. 우리는 매일매일 컴퓨터를 사용합니다.

　우리가 컴퓨터를 다양한 방법으로 사용할 수 있는 것은 바로 컴퓨터를 움직이게 하는 소프트웨어가 있기 때문입니다. 세상은 이제 소프트웨어가 없으면 돌아가지 않습니다. 소프트웨어를 만드는 것을 코딩이라고 합니다. 코딩은 컴퓨터에게 어떤 일을 시키는 거죠. 코딩을 배우면 생각하는 능력을 키울 수 있습니다. 그리고 컴퓨터의 힘을 이용해서 멋지게 문제를 해결할 수 있습니다.

　우리가 코딩하는 법을 배우면 우리를 불편하게 하는 많은 문제를 해결하고 세상을 더 멋지게 만들 수 있습니다.

　단순히 코딩만 배우는 것이 아니라, 다른 과목과 함께 코딩을 공부하는 것이 중요합니다. 요즘은 융합 시대라고 합니다. 한 가지 과목만 잘한다고 복잡한 문제를 해결할 수 없습니다. 국어, 수학, 즐거운 생활, 바른 생활, 슬기로운 생활 등 다양한 과목에 나오는, 다양한 내용을 알고 있어야 합니다. 이 책을 보면서 다양한 과목과 함께 코딩을 공부하다보면 생각하는 힘이 키워질 것입니다.

　미국에는 MIT라는 정말 유명한 대학교가 있습니다. 이 대학교의 미디어랩이라는 연구실에서 많은 사람들이 고민했습니다.
　'어떻게 하면 사람들이 쉽게 코딩을 할 수 있을까?'
　그렇게 많은 고민을 하면서 연구를 하고, 서로 힘을 합쳐 프로그램을 만들었습니다. 그게 바로 스크래치입니다. 처음 배우는 사람도 쉽게 코딩을 배울 수 있도록 스크래치를 만든 것입니다.
　컴퓨터에게 시키는 일들을 레고와 같은 블록으로 만들었습니다. 마치 레고 블록을 쌓듯이, 순서대로 명령어 블록을 잘 연결하면 컴퓨터에 일을 시킬 수 있습니다.
　엔트리도 많은 학생이 코딩을 쉽고 재미있게 배울 수 있도록 만든 프로그램입니다. 스크래치처럼 레고 블록을 쌓듯이 코딩을 하면 됩니다.

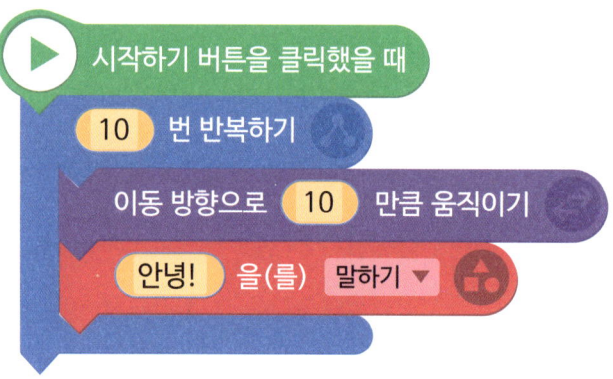

〈그림 1-1〉 엔트리 코딩

엔트리는 우리나라 학생이 보다 쉽게 코딩을 할 수 있도록 만들어졌습니다.

스크래치에 없는 기능도 있고, 무엇보다 사용하기가 매우 쉽습니다. 이 엔트리로 여러분의 코딩 실력을 쑥쑥 키워볼까요?

2 처음 만나는 엔트리

우선 코딩을 배우기 전에 컴퓨터를 켜고 끄는 방법과 마우스와 키보드를 사용하는 방법을 배워야 합니다.

컴퓨터를 잘 살펴보면 그림 2-1과 같이 생긴 버튼이 보입니다. 이것을 '전원 버튼'이라고 합니다. 이것을 손가락으로 꾹 누르면 컴퓨터가 켜집니다.

〈그림 2-1〉 전원 버튼

컴퓨터를 직접 켜볼까요?

전원 버튼을 누르고 시간이 좀 지나면 모니터 화면에 여러 가지 작은 그림이 나옵니다. 이것을 '아이콘'이라고 합니다.

〈그림 2-2〉 여러 가지 아이콘

2. 처음 만나는 엔트리

그러면 컴퓨터에게 어떻게 일을 시킬까요? 컴퓨터에게 '인터넷에 들어가서 검색을 해.'라고 말하면 컴퓨터가 인터넷에서 검색을 하나요?

컴퓨터에게 일을 시키기 위해서는 마우스와 키보드가 필요합니다.

마우스(Mouse)는 쥐처럼 생긴 작은 컴퓨터 장치를 말합니다.

〈그림 2-3〉 마우스

마우스를 보면 왼쪽과 오른쪽에 누를 수 있는 버튼 같은 것이 있습니다.

왼쪽이나 오른쪽 버튼을 누르는 것을 '클릭'이라고 합니다. 그리고 빠르게 두 번 클릭하는 것을 '더블 클릭'이라고 합니다. 더블(Double)은 영어로 '2번'이라는 뜻입니다.

그리고 키보드로도 컴퓨터에 일을 시킬 수 있습니다.

그림 2-4가 키보드입니다. 키보드에는 여러 가지 글자 버튼과 어떤 일을 시킬 수 있는 버튼이 있습니다. 한글도 있고, 영어도 있고, 숫자도 있습니다. 그리고 여러분이 처음 보는 모양이 있을 수도 있습니다.

이 버튼 하나하나를 키(Key)라고 합니다. 이런 키가 여러 개 모여서 만들어졌다고 해서 '키보드'라고 부릅니다.

이 마우스와 키보드를 사용하면 엔트리로 멋지게 코딩을 할 수 있습니다.

〈그림 2-4〉 키보드

엔트리로 코딩을 다하고 컴퓨터를 꺼야 하는데 어떻게 하면 될까요?

컴퓨터 모니터 왼쪽 아래에 있는 윈도우 아이콘을 클릭해야 합니다.

그러면 〈시스템 종료〉라는 메뉴가 나오는데 이것을 클릭하면 컴퓨터가 꺼집니다. '종료'는 '그만한다'라는 뜻입니다.

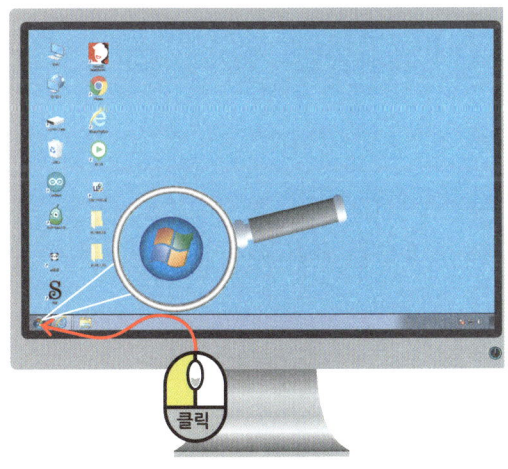

〈그림 2-5〉 윈도우 버튼

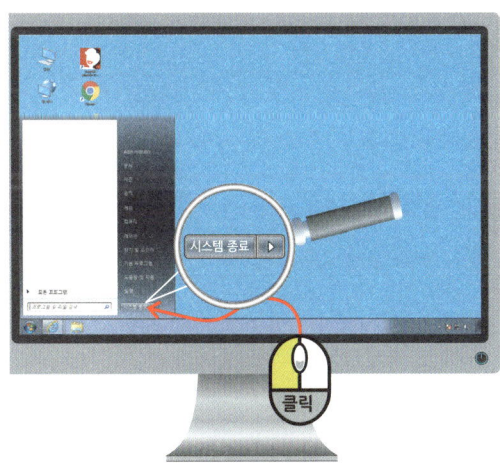

〈그림 2-6〉 시스템 종료

이제 엔트리로 코딩을 하기 위한 준비 운동이 끝났습니다. 엔트리와 함께 하는 코딩 여행을 떠나볼까요?

우선 엔트리 사이트에 들어가야 합니다. 인터넷은 전 세계 많은 사람의 컴퓨터를 서로 연결해줍니다. 인터넷이 있어서 한국에 있는 영수가 미국에 있는 제니퍼에게 메일을 보내고 이야기를 주고받을 수 있는 것입니다. 우리가 스마트폰에서 검색을 하고 유튜브로 재미있는 동영상을 보는 것도 모두 다 인터넷 덕분입니다.

이런 인터넷에 들어갈 수 있는 문은 여러 개가 있습니다. 이 문을 웹브라우저라고 합니다. 그림 2-7에 보이는 아이콘도 웹브라우저 중 하나로 '익스플로러'라고 합니다.

〈그림 2-7〉 익스플로러 아이콘

하지만 엔트리는 익스플로러보다는 '크롬'이라는 웹브라우저를 사용하는 것이 더 좋습니다. 이것을 '최적화되었다'라고 합니다. 축구할 때 그냥 운동화를 신어도 좋지만 축구화를 신으면 더 좋은 것과 같습니다. 이것을 아래 문장처럼 표현할 수 있습니다.

'축구화는 축구에 최적화되었다.'

컴퓨터에 크롬이 설치 안 된 경우가 있습니다. 그럼 크롬을 설치하는 법을 배워볼까요?

인터넷 검색창에 '크롬'이라고 키보드로 치고 〈돋보기 아이콘〉을 클릭하거나 〈엔터키(Enter)〉를 누릅니다.

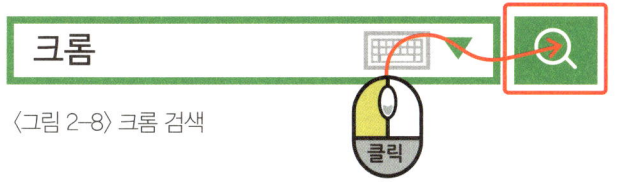

〈그림 2-8〉 크롬 검색

그럼 그림 2-9와 같은 화면이 나옵니다. 〈구글 크롬〉을 클릭합니다.

〈그림 2-9〉 구글 크롬 클릭

인터넷에서 프로그램이나 사진, 파일 등을 자신의 컴퓨터로 가져오는 것을 '다운로드'라고 합니다. 인터넷을 구름이라고 생각하고 자신의 컴퓨터는 아래에 있다고 생각해 봅시다. 인터넷에 있는 것을 아래에 있는 자신의 컴퓨터로 가져온다고 생각하면 됩니다. 다운로드에서 '다운(Down)'은 '아래'를 뜻합니다.

〈그림 2-10〉 다운로드

프로그램을 설치할 때 영어나 어려운 말이 나오는데 걱정할 필요 없습니다. 실행, 확인, 동의(Accept), 다음(Next), OK, 설치(Install)라는 단어가 나오는 버튼을 계속 클릭하면 설치가 됩니다.

프로그램은 컴퓨터에서 어떤 일을 할 수 있게 도와주는 것을 말합니다. 컴퓨터에서 하는 게임도 프로그램이고, 인터넷에 들어가게 도와주는 웹브라우저도 프로그램입니다.

크롬 다운로드 버튼을 누르니(Chrome 다운로드) 그림 2-12와 같은 화면이 나옵니다. 〈동의 및 설치〉를 누르면 되겠죠?

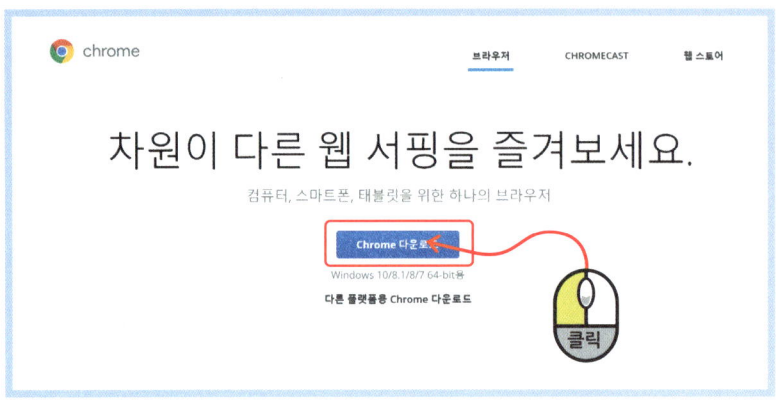

〈그림 2-11〉 Chrome 다운로드 클릭

〈그림 2-12〉 동의 및 설치 클릭

다운로드가 다 끝나면 그림2-13과 같은 화면이 나옵니다.

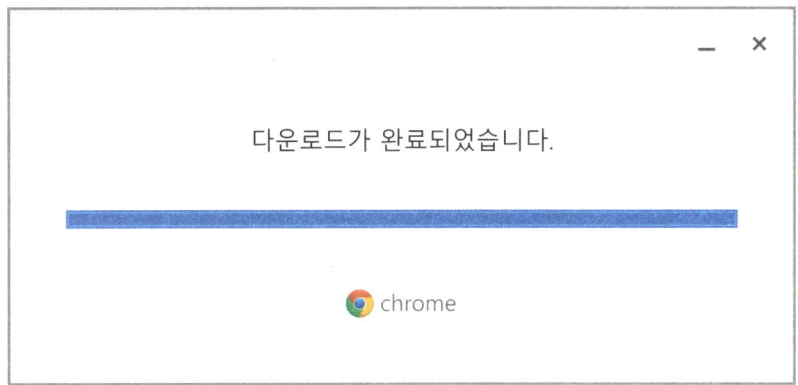

〈그림 2-13〉 다운로드 완료

그러면 바탕화면에 그림 2-14와 같은 아이콘이 생깁니다.

마우스 왼쪽 버튼으로 이 아이콘을 빠르게 두 번 클릭(더블 클릭)합니다.

〈그림 2-14〉 크롬 아이콘

2. 처음 만나는 엔트리

이제 엔트리에 들어가 볼까요?

직접 주소창에 www.playentry.org라고 치고 들어가도 되지만, 영어로 타자를 치는 것이 익숙하지 않으면 그림 2-15처럼 '엔트리'라고 검색을 해도 됩니다.

아래 그림에서 빨간색으로 표시한 곳에 들어갑니다.

〈그림 2-15〉 엔트리 검색

엔트리에 들어가서 〈회원가입〉을 클릭합니다. 회원가입을 하면 여러분이 만든 작품이 인터넷에 저장됩니다. 그래서 인터넷과 컴퓨터만 있으면 여러분의 작품을 여러분이 원하는 곳에서, 원하는 시간에 보고 다시 만들 수 있습니다.

〈그림 2-16〉 회원가입

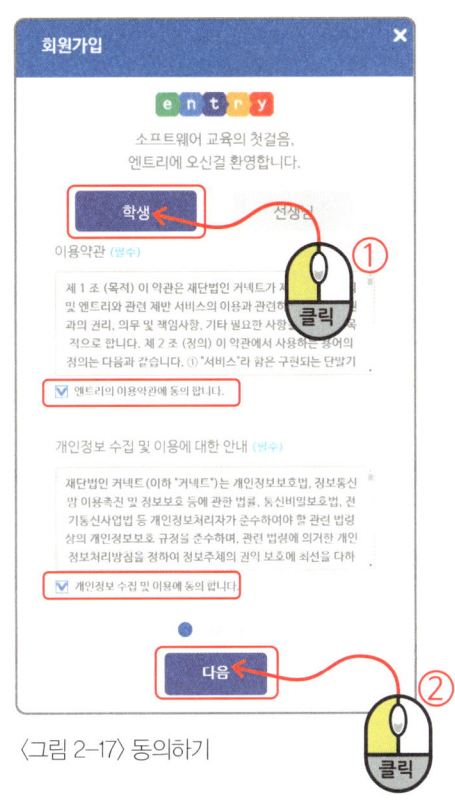

〈그림 2-17〉 동의하기

〈학생〉을 클릭하고 〈~동의합니다〉 앞에 있는 네모 칸을 마우스로 클릭해서 ∨표시가 나오게 합니다. ∨표시가 나오면 동의했다는 뜻입니다.

'동의'는 '그렇게 해도 된다'는 뜻입니다.

다 동의를 하고 〈다음〉을 클릭합니다.

아이디는 엔트리에서 여러분이 사용하는 이름과 같습니다. 엔트리에서는 똑같은 아이디를 사용할 수 없습니다. 영어와 숫자를 잘 섞어서 자신만의 아이디를 만듭니다.(예: tomatobook1004) 아이디를 만들 때 글자 수가 4개보다 같거나 많아야 합니다. 그리고 20글자보다 같거나 적어야 합니다.

그리고 비밀번호도 숫자와 영어를 섞어서 글자 수가 5개보다 같거나 많도록 만들어야 합니다. 이 비밀번호를 잊어버리지 않게 조심해야 합니다. 여러분이 쓰는 공책에 아이디와 비밀번호를 잘 적어둬야 합니다. 다 되면 〈다음〉을 클릭합니다.

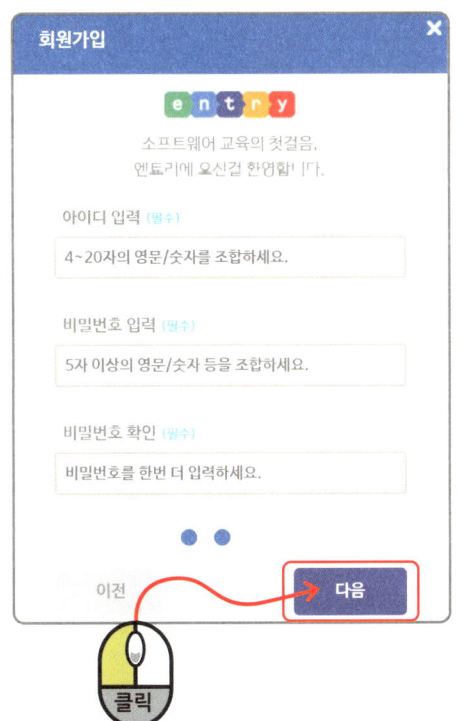

〈그림 2-18〉 아이디/비밀번호 넣기

2. 처음 만나는 엔트리

〈그림 2-19〉 동의하기

'초등 1학년'이라는 글자 옆에 세모(▼)표시가 보이나요? 이 표시는 고를 수 있는 것이 더 있다는 뜻입니다. 이곳을 클릭하고 자신의 학년을 클릭합니다. 이 책은 초등학교 1학년 학생을 위해 썼기 때문에 이 책에서는 '초등 1학년'을 골랐습니다.

그리고 남자면 남성을, 여자면 여성을 선택합니다. 세모(▼)표시를 보니 고를 수 있는 것이 더 있다는 것을 알 수 있겠죠?

이메일은 써도 되고 안 써도 됩니다. 이메일이 있으면 나중에 비밀번호를 잊어버렸을 때 비밀번호를 다시 찾을 수 있습니다. 엔트리에 비밀번호를 잊어버렸다고 하면 자신의 이메일로 비밀번호를 보내줍니다. 다 썼으면 〈다음〉을 클릭합니다.

그러면 아래 그림 2-20과 같은 화면이 나옵니다. 〈확인〉을 누르면 이제 엔트리 회원이 된 것입니다.

〈그림 2-20〉 회원가입 완성

아이디와 비밀번호를 키보드로 치고 회원으로 엔트리에 들어가는 것을 '로그인'이라고 합니다. 로그인을 해야 만든 작품을 저장할 수 있습니다.

엔트리를 보면 다양한 메뉴가 있습니다.
〈만들기〉-〈작품 만들기〉를 순서대로 클릭하면 엔트리로 코딩을 할 수 있는 화면이 나옵니다.

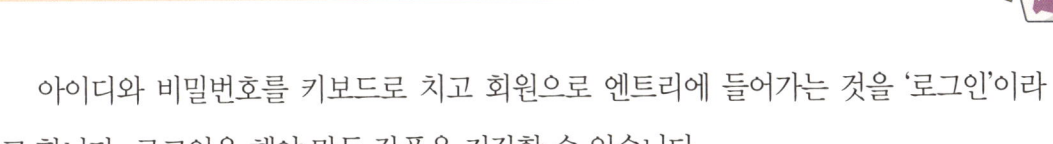

〈그림 2-21〉 〈작품 만들기〉 클릭

그럼 인터넷이 안 되면 엔트리를 할 수 없는 것일까요? 그렇지 않습니다. 컴퓨터에 직접 엔트리 프로그램을 설치하면 인터넷이 없어도 엔트리를 할 수 있습니다.
〈다운로드〉를 클릭합니다. 앞에서 봤듯이 다운로드는 인터넷에서 프로그램이나 사진 등을 자신의 컴퓨터로 가져오는 것을 말합니다.

〈그림 2-22〉 다운로드 클릭

2. 처음 만나는 엔트리

그러면 〈32bit 다운로드〉와 〈64bit 다운로드〉, 〈Mac 다운로드〉 버튼이 나옵니다.

컴퓨터마다 운영체제가 다릅니다. 운영체제는 축구팀의 감독과 비슷합니다. 축구감독처럼 컴퓨터를 어떻게 사용할지 정해주는 역할을 합니다.

32bit(비트)와 64bit(비트)는 처리하는 자료의 양을 말합니다. 쉽게 말하면 32bit(비트)는 명령을 32개씩 처리한다고 생각하면 됩니다. 64bit(비트)는 명령을 64개씩 처리하는 것입니다. 64bit(비트)가 더 많은 명령을 이해하고 일을 한다고 생각하면 됩니다.

〈그림 2-23〉 프로그램 종류

폴더나 바탕화면을 잘 살펴보면 컴퓨터 모양의 아이콘이 보입니다.

그리고 '내 컴퓨터' 또는 '컴퓨터'라고 이름이 쓰여 있습니다. 이 아이콘에 마우스를 갖다 대고 오른쪽 버튼을 누르면 다양한 메뉴가 나옵니다. 여기에서 〈속성〉을 클릭합니다.

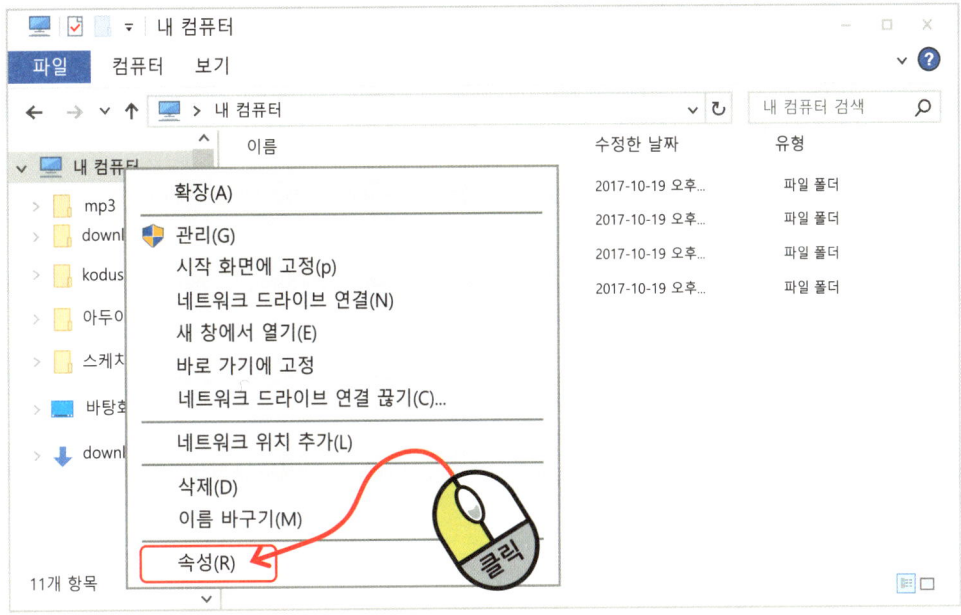

〈그림 2-24〉 속성 클릭

그리고 화면을 잘 찾아보면 시스템 종류가 나옵니다. 이 컴퓨터는 64비트(bit) 운영 체제를 사용합니다. 즉 명령을 64개씩 처리하는 감독이 컴퓨터에 있는 것이죠.

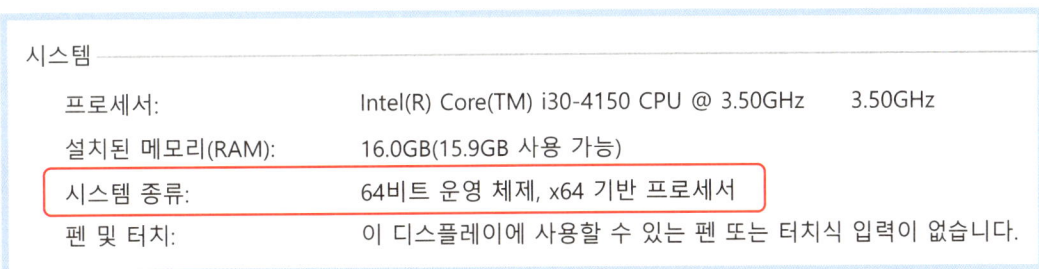

〈그림 2-25〉 시스템 종류

2. 처음 만나는 엔트리

그래서 〈Windows 64bit 다운로드〉를 클릭합니다.

〈그림 2-26〉 운영체제에 맞는 프로그램 다운로드

그리고 바탕화면에 설치 프로그램을 다운 받습니다.

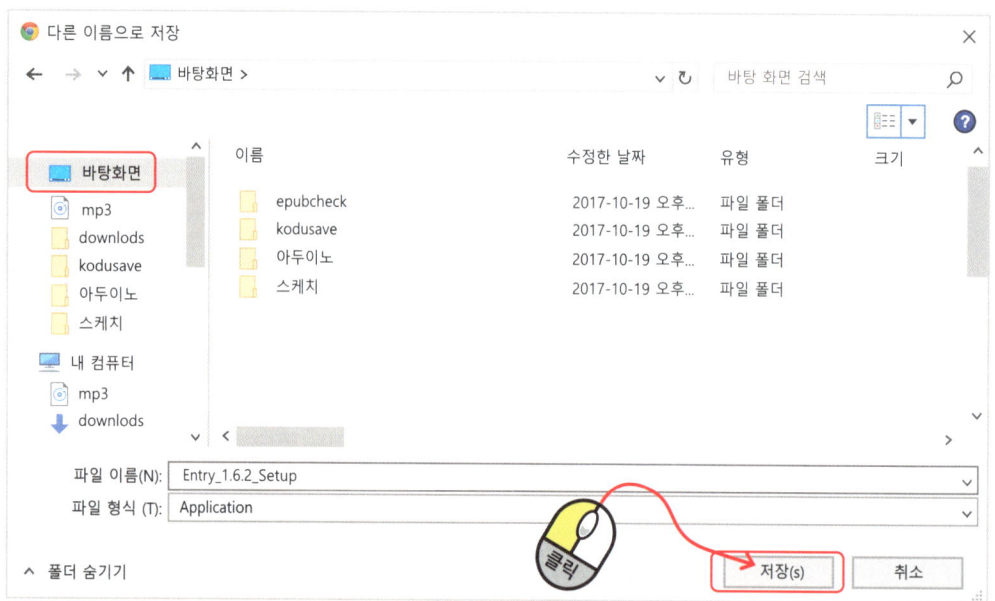

〈그림 2-27〉 바탕화면에 프로그램 다운로드

바탕화면에 있는 설치 프로그램을 마우스 왼쪽 버튼으로 빠르게 두 번 클릭해서 설치합니다. 실행, 확인, 동의(Accept), 다음(Next), OK, 설치(Install)라는 단어가 나오는 버튼을 계속 클릭하면 프로그램이 설치됩니다.

〈다음〉을 클릭합니다.

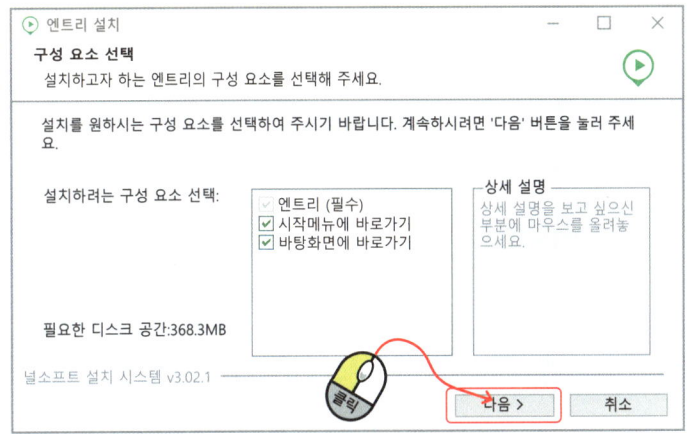

〈그림 2-28〉〈다음〉 클릭

〈설치〉를 클릭합니다.

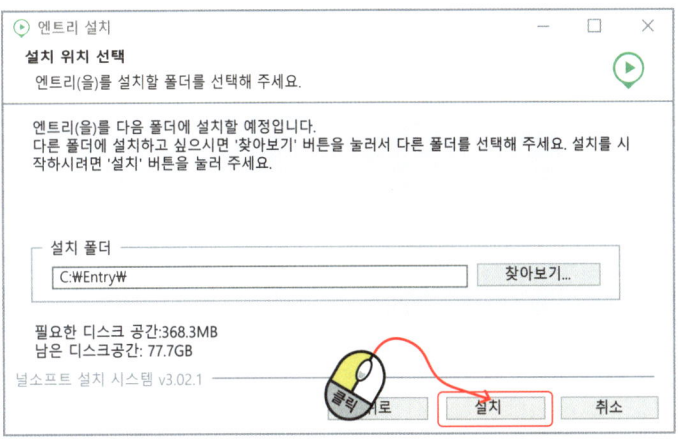

〈그림 2-29〉〈설치〉 클릭

2. 처음 만나는 엔트리

설치가 끝나면 엔트리 아이콘이 나옵니다. 이 아이콘을 더블 클릭하면 엔트리 프로그램이 시작됩니다.

〈그림 2-30〉 엔트리 아이콘

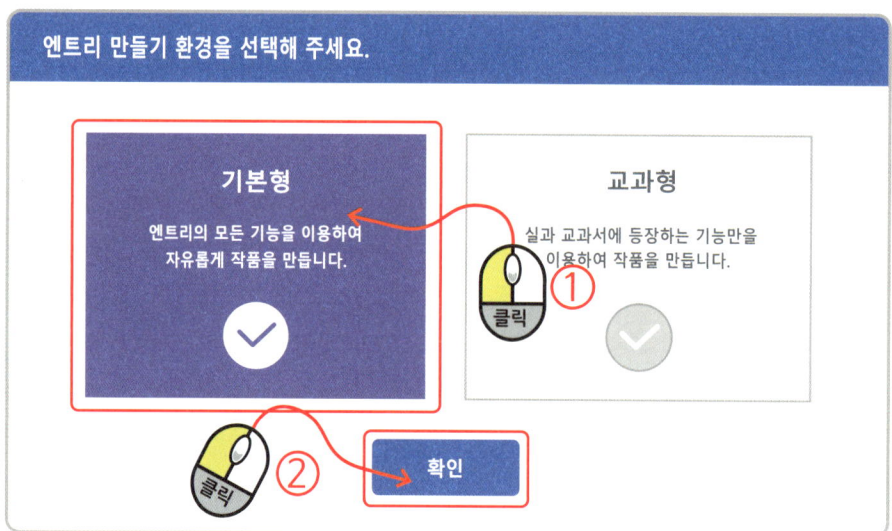

〈그림 2-31〉 기본형 선택

이제 엔트리 화면에 대해 살펴볼까요?

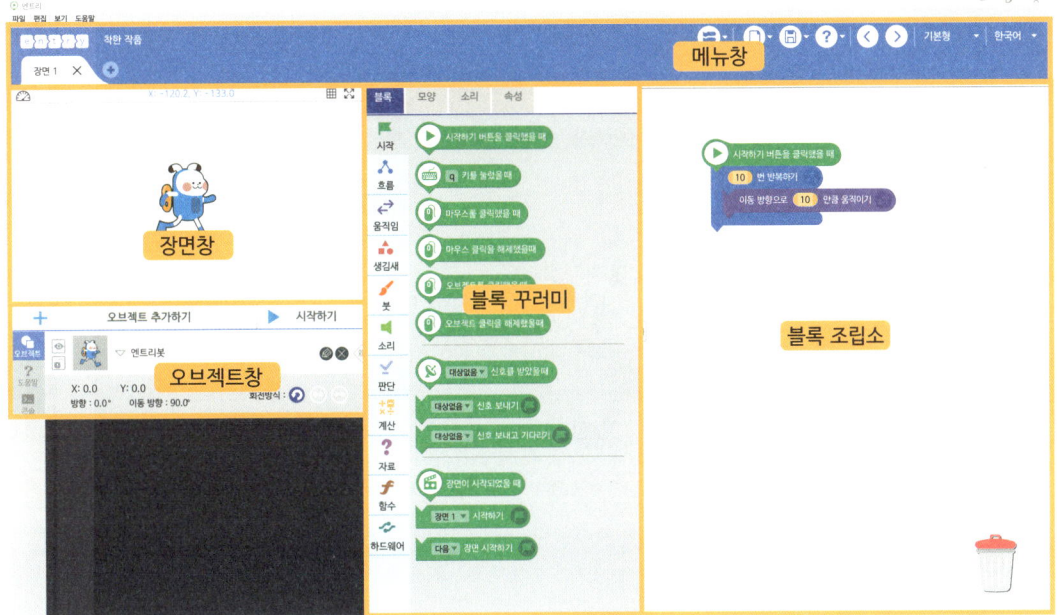

〈그림 2-32〉 엔트리 화면

그림 2-33은 〈메뉴 창〉입니다. 엔트리 새로 만들기, 저장하기, 장면을 더 넣기 등 여러 가지 작업을 할 수 있습니다.

〈그림 2-33〉 메뉴 창

2. 처음 만나는 엔트리

그림 2-34는 〈장면 창〉입니다. 코딩을 한 결과를 확인할 수 있습니다. 연극의 무대와 비슷합니다.

〈그림 2-34〉 장면 창

그림 2-35는 〈오브젝트 창〉입니다. 오브젝트는 〈장면 창〉에 들어가는 사람, 동물, 물건 등을 말합니다. 쉽게 생각하면 〈장면 창〉에 들어가는 모든 것을 오브젝트라고 생각하면 됩니다. 드라마에 나오는 배우(또는 물건)와 비슷합니다. 우리는 이 배우(또는 물건)에게 코딩을 해서 명령을 합니다. 감독이 배우(또는 물건)에게 어떤 일을 시키듯이 오브젝트에게 명령을 하는 거죠.

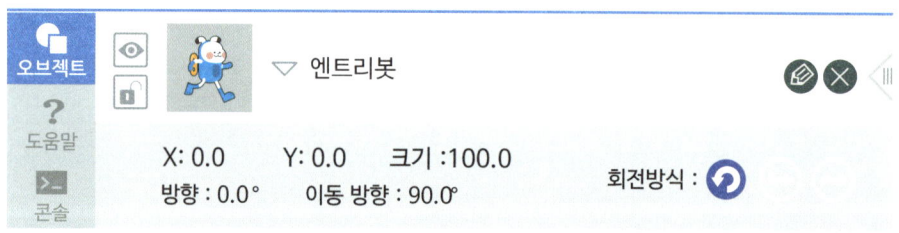

〈그림 2-35〉 오브젝트 창

그림 2-36은 〈블록 꾸러미〉입니다. 프로그램을 만드는 데 사용하는 명령어 블록을 모아놓은 곳입니다. 명령어 블록은 오브젝트에게 어떤 일을 시키는 것입니다.

다양한 명령어 블록이 있는데 비슷한 것끼리 모아서 색깔로 구분했습니다.

개구리, 참새, 강아지를 동물로, 소나무, 민들레, 강아지풀을 식물로 나눈 것과 같습니다. 예를 들어 움직이는 것과 관계 있는 명령어 블록은 모두 보라색입니다. 그리고 이런 명령어는 모두 〈움직임〉 명령어 블록 모음에서 찾을 수 있습니다.

〈움직임〉 명령어 블록 모음을 보면 돌기, 이동하기, 움직이기 등 모두 움직이는 것과 관계있는 것을 알 수 있습니다. 그래서 코딩을 할 때 원하는 명령어가 어디 있을 것 같다고 생각하면서 명령어를 찾으면 조금 더 쉽게 코딩을 할 수 있습니다.

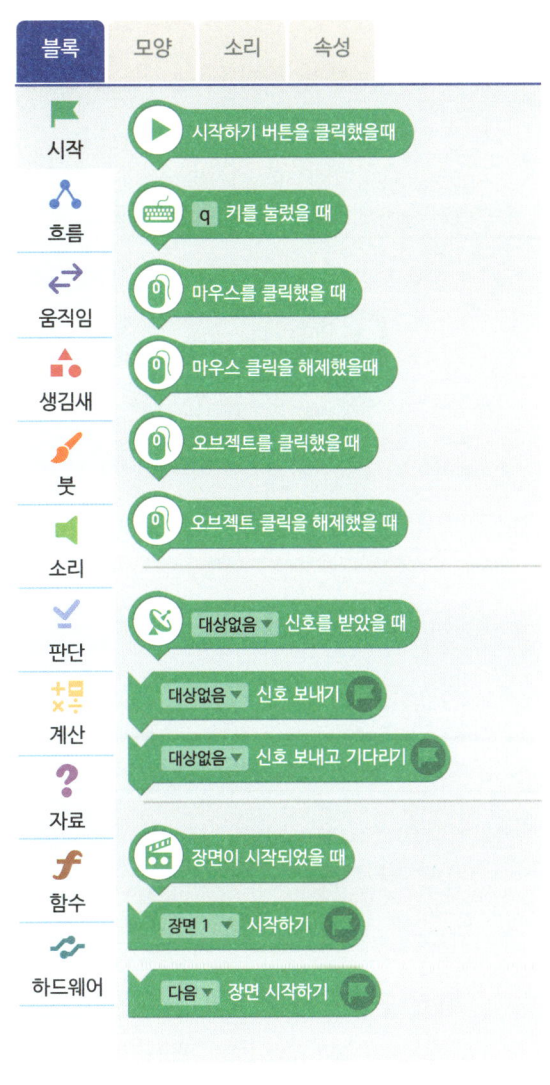

〈그림 2-36〉 블록 꾸러미

블록 명령어의 종류는 시작, 흐름, 움직임, 생김새, 붓, 소리, 판단, 계산, 자료, 함수, 하드웨어가 있습니다. 이것을 다 알아야 코딩을 할 수 있는 것은 아니니 너무 걱정할 필요가 없습니다. 직접 코딩하면서 명령어를 하나씩 사용하다 보면 자연스럽게 이해가 될 것입니다.

그림 2-37은 〈블록 조립소〉입니다. '조립'은 '여러 개를 모아서 하나로 맞춘다'는 뜻입니다. 즉 〈블록 조립소〉는 〈블록 꾸러미〉에서 명령어 블록을 가지고 와서 그것을 레고처럼 끼워 맞춰서 프로그램을 만드는 곳입니다.

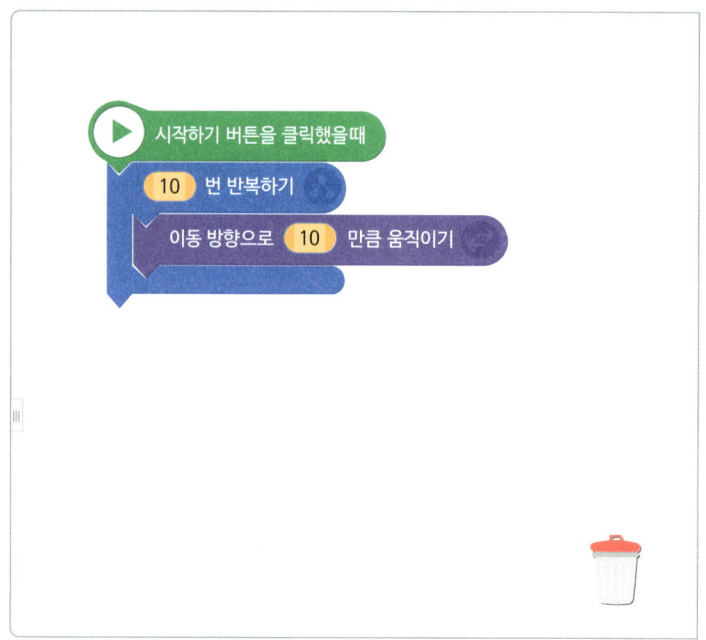

〈그림 2-37〉 블록 조립소

이제 코딩을 배워 보겠습니다. 코딩을 할 때 반드시 순서, 반복, 조건, 함수 그리고 변수를 알아야 합니다.

책에 있는 내용을 따라하면서 하나씩 차근차근 공부해 봅시다.

　엔트리로 코딩할 때 다음 규칙을 반드시 기억해야 합니다. 이 규칙을 잘 알아두면 더 쉽게 코딩을 할 수 있습니다.

코딩 규칙

1. 명령어 블록은 외우지 말고 색깔로 찾는다.
2. 무엇인가 하고 싶을 때 마우스 오른쪽 버튼을 누른다.
3. 노란색 칸에 무엇인가 쓰거나 넣을 수 있다.
4. 내가 코딩하고 싶은 오브젝트를 클릭하고 코딩을 한다.
5. 세모 표시(▼)는 고를 수 있는 것이 여러 개 있다는 뜻이다.
6. 단축키는 외워서 사용한다.
7. 문제는 나눠서 생각한다.

　이 규칙을 잘 생각하면서 코딩을 해봅시다.
　이 책을 즐겁게 읽다보면 규칙이 머릿속에 생생하게 기억이 날 것입니다.

그림 2-38과 같이 〈장면 창〉에 엔트리봇 오브젝트가 있고, 〈블록 조립소〉에는 미리 연결한 명령어 블록들이 있습니다.

〈그림 2-38〉 〈장면 창〉과 〈조립소〉

어떤 뜻일까요? 〈시작하기〉를 눌러 보겠습니다.

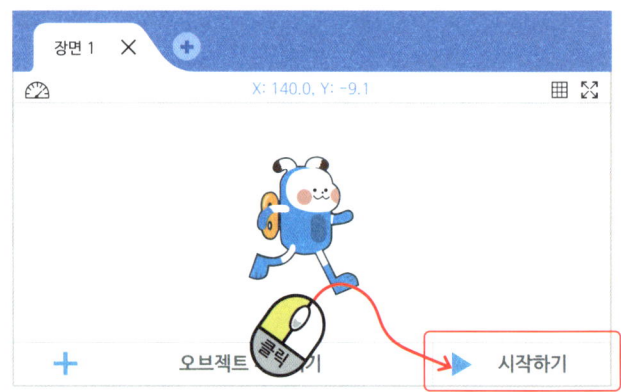

〈그림 2-39〉 〈시작하기〉 클릭

엔트리봇이 앞으로 움직입니다. 그림 2-40의 명령어가 어떤 뜻인지 알 수 있겠죠?

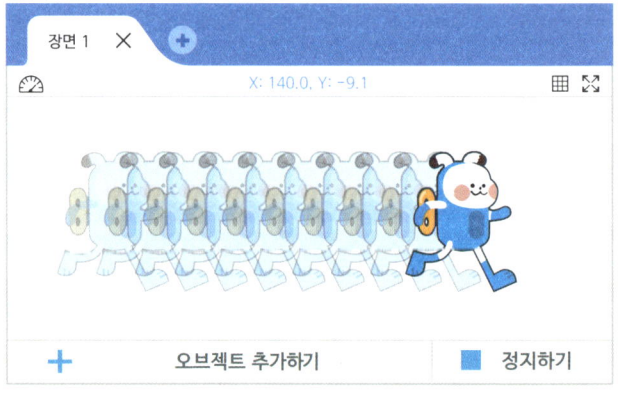

〈그림 2-40〉 움직이는 엔트리봇

그리고 빨간색 표시된 곳을 마우스 왼쪽 버튼을 클릭한 채로 움직이면 〈장면 창〉의 크기를 바꿀 수 있습니다.

이렇게 마우스 왼쪽 버튼을 클릭한 채로 움직이는 것을 '드래그'라고 합니다.

〈그림 2-41〉 〈장면 창〉 크기 바꾸기

같은 방법으로 〈블록 꾸러미〉의 크기도 바꿀 수 있습니다.

〈그림 2-42〉 〈블록 꾸러미〉 크기 바꾸기

2. 처음 만나는 엔트리

엔트리는 명령어 블록으로 코딩한 것을 위에서부터 아래로 하나씩 실행합니다.

여기서 순서에 대해서 알아보겠습니다. 순서는 '컴퓨터에 일을 차례대로 시키는 것'을 말합니다.

예를 들어 라면을 끓일 때를 생각해 봅시다. 먼저 물을 넣고 불을 켜고, 물이 끓으면 라면을 넣죠? 만약 라면을 넣고 불을 켜다가 물을 넣으면 어떻게 될까요? 이상한 라면이 되겠죠?

이렇게 일을 차례대로 하는 것을 순서라고 합니다.

코딩을 할 때 가장 중요한 것이 순서입니다. 명령어를 순서대로 연결할 수 있어야 코딩을 제대로 할 수 있습니다.

엔트리봇이 말을 하는 프로그램을 만들어 보겠습니다.

그림 2-43처럼 명령어를 〈블록 꾸러미〉에 드래그(마우스 버튼을 누른 채로 움직이는 것)하여 옮기면 삭제가 됩니다.

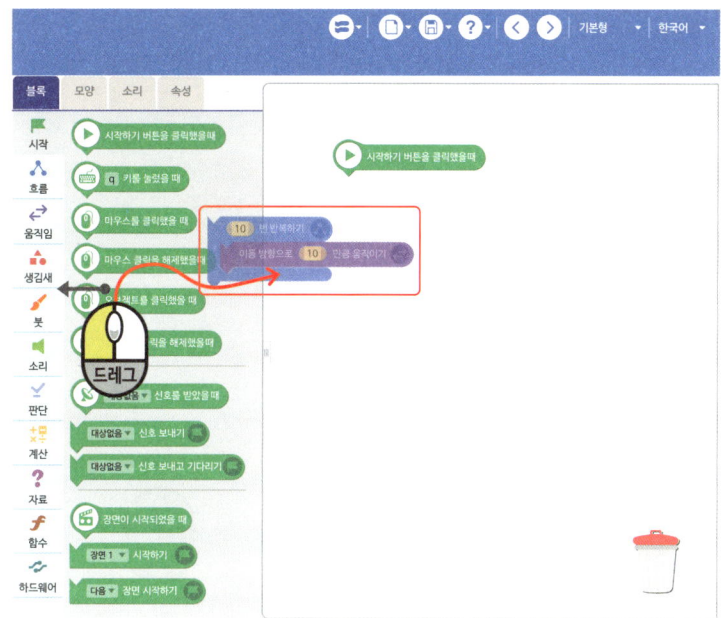

〈그림 2-43〉 코딩한 것 지우기

또는 〈블록 조립소〉 오른쪽 아래에 있는 휴지통으로 옮겨도 지워집니다.

또는 〈Delete〉 키를 눌러서 지울 수도 있습니다. '딜리트(Delete)'는 '지운다'는 뜻입니다.

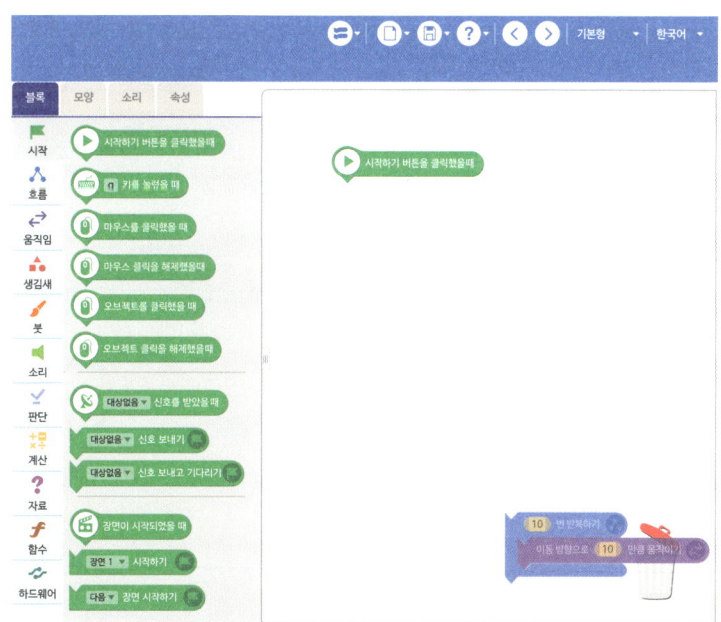

〈그림 2-44〉 휴지통에 지우기

2. 처음 만나는 엔트리

그림 2-45와 같이 코딩을 하고 〈시작하기〉 버튼을 눌러 볼까요? 〈말하기〉 블록 명령어는 빨간색이니 〈생김새〉 블록 꾸러미 에서 찾을 수 있습니다.

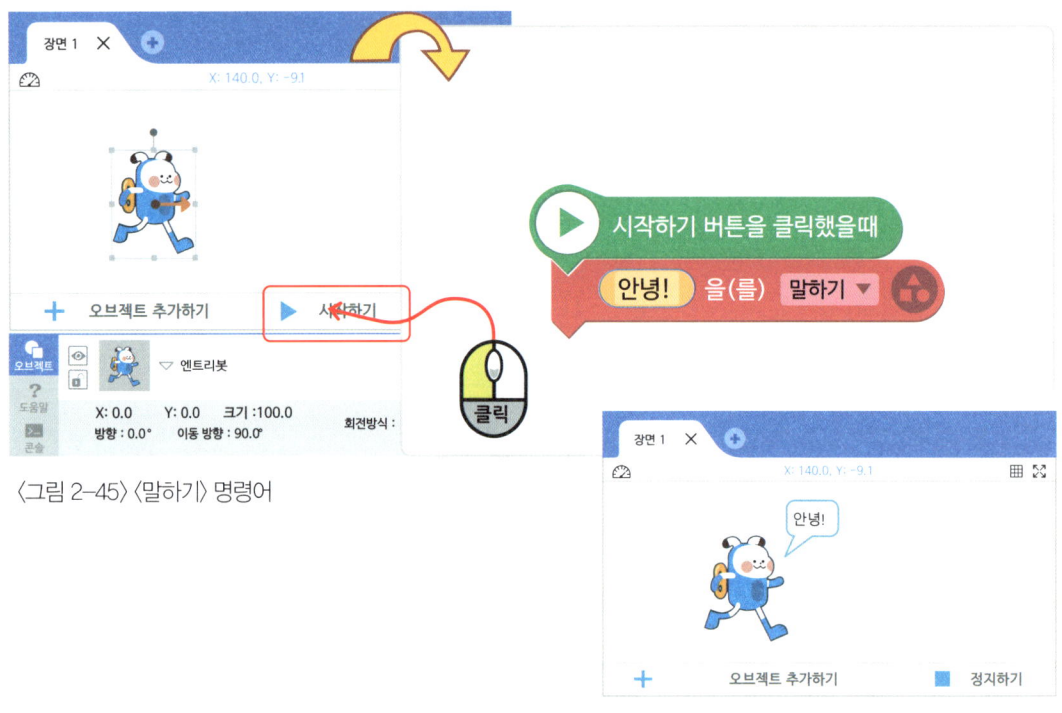

〈그림 2-45〉 〈말하기〉 명령어

〈그림 2-46〉 '안녕!'이라고 말하기

이름도 말하고 싶습니다. 〈말하기〉 블록을 하나 더 연결합니다.

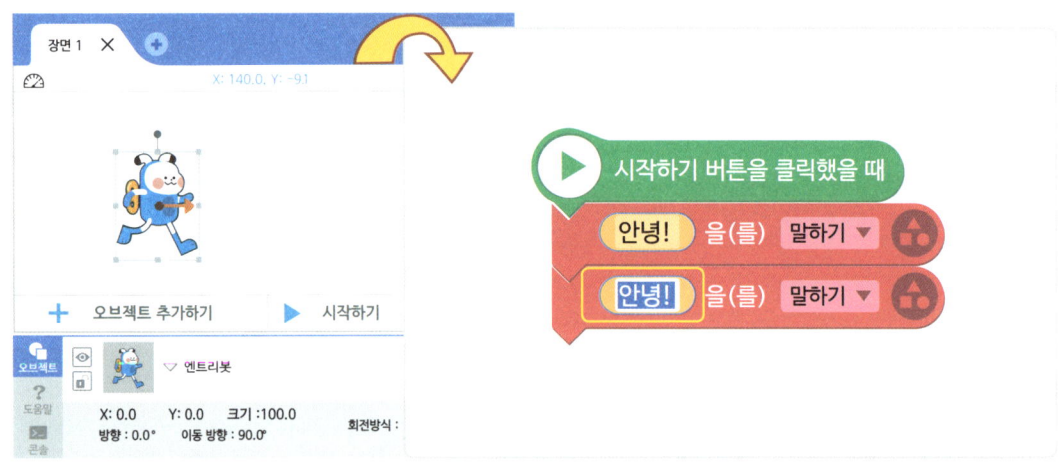

〈그림 2-47〉 〈말하기〉 블록 하나 더 연결

여기서 엔트리 코딩을 할 때 규칙을 하나 배워봅시다.

코딩 규칙

노란색 칸에 무엇인가 쓰거나 넣을 수 있다.

이 규칙에 따라서 노란색 칸에 아래와 같이 문장을 쓸 수 있습니다.
'내 이름은 엔트리봇이야.'라고 씁니다.

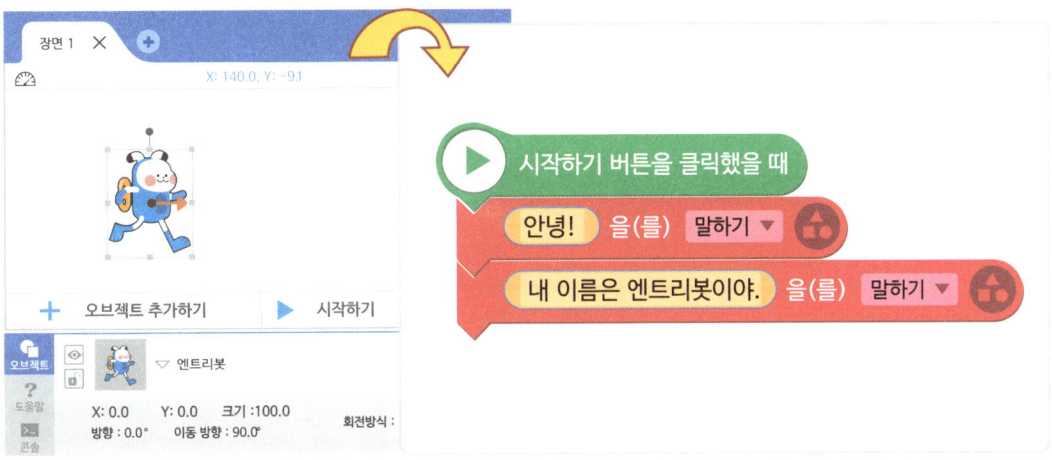

〈그림 2-48〉 노란색 칸에 글쓰기

〈그림 2-49〉 '내 이름은 엔트리봇이야'라고 말하기

2. 처음 만나는 엔트리

그런데 엔트리봇이 '안녕!'이라고 말하지 않습니다. 왜 그럴까요? 컴퓨터는 너무 빨리 일을 하기 때문입니다. '안녕'이라고 말하자마자 바로 '내 이름은 엔트리봇이야'라고 말하니까 '안녕'은 말하지 않은 것처럼 보입니다. 그럼 어떻게 하면 될까요?

〈기다리기〉 명령어를 사용하면 쉽게 문제를 해결할 수 있습니다.

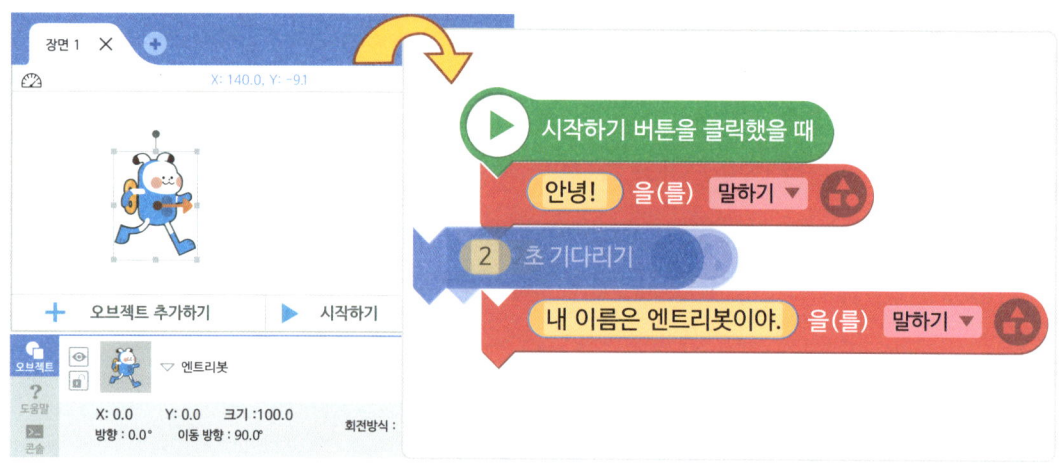

〈그림 2-50〉 〈기다리기〉 명령어 가져 오기

그림 2-51과 같이 〈2초 기다리기〉 명령어를 〈말하기〉 블록 사이에 끼워 연결합니다. 〈2초 기다리기〉 명령어는 파란색입니다. 〈흐름〉 블록 꾸러미 에서 찾을 수 있겠죠?

〈그림 2-51〉 〈2초 기다리기〉 명령어 끼워 넣기

가끔씩 그림 2-52처럼 코딩을 하는 경우가 있습니다. 이렇게 코딩을 하면 어떻게 될까요?

엔트리는 연결된 명령어를 위에서 아래로 하나씩 실행합니다. 그래서 '안녕'이라고만 말을 합니다. 그 아래 연결된 명령어가 없기 때문이죠.

〈그림 2-52〉 많이 하는 실수

그리고 〈도움말〉 기능을 잘 사용하면 코딩을 쉽게 할 수 있습니다.

〈그림 2-53〉 〈도움말〉

〈도움말〉을 클릭하고 자세히 알고 싶은 명령어 블록을 클릭하면 그림 2-54와 같이 그 명령어에 대한 설명이 나옵니다.

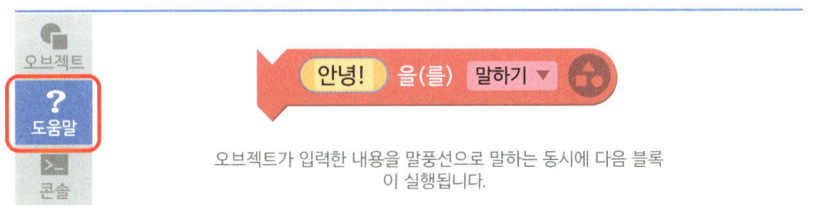

〈그림 2-54〉 〈도움말〉 기능 사용

이 명령어를 다른 말로 '코드'라고도 합니다. 이 명령어(코드)를 똑같이 복사해서 사용할 수 있습니다. 〈복사하기와 붙여넣기〉 기능을 사용하면 코딩을 더욱 빠르고 쉽게 할 수 있습니다.

복사하고 싶은 명령어에 마우스를 대고 마우스 오른쪽 버튼을 누르면 여러 가지 메뉴가 나옵니다. 〈코드 복사 & 붙여넣기〉를 클릭하면 똑같은 명령어가 하나 더 생깁니다.

엔트리 코딩 규칙을 하나 더 배워보겠습니다.

코딩 규칙

무엇인가 하고 싶을 때 마우스 오른쪽 버튼을 누른다.

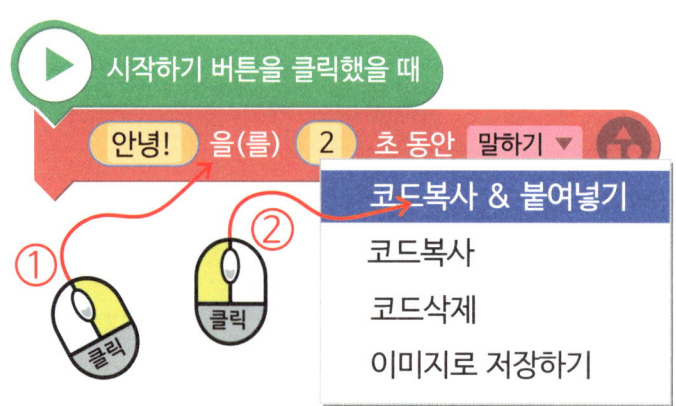

〈그림 2-55〉 마우스 오른쪽 버튼 클릭

그 복사한 명령어를 아래에 붙여서 그림 2-56과 같이 코딩을 합니다.
그러면 〈기다리기〉 명령어를 사용하지 않아도 됩니다.

〈그림 2-56〉 코드를 복사해서 사용하기

도움말 기능을 이용해서 이 블록에 대해서 자세히 알아봅시다.

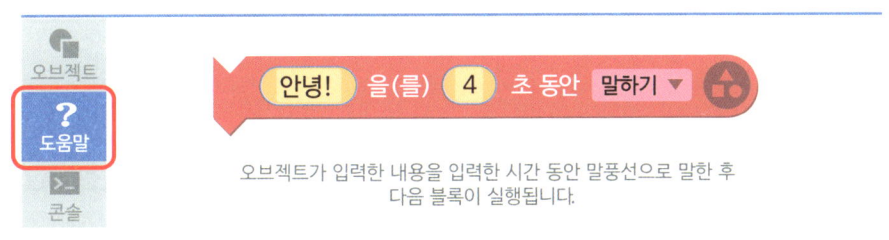

〈그림 2-57〉 블록 명령어 알아보기

그림 자신의 이름을 말하는 프로그램을 한 번 저장해 볼까요?

우선 〈메뉴 창〉 왼쪽 위에 그림 2-58과 같이 작품의 제목을 씁니다.

〈그림 2-58〉 제목 쓰기

2. 처음 만나는 엔트리

엔트리 오른쪽 위를 보면 그림 2-59와 같은 아이콘이 보입니다. 이 아이콘은 디스켓을 나타냅니다. 실제 모습은 그림 2-60과 같습니다. 과거에는 이 디스켓에 컴퓨터에서 만든 여러 가지 내용을 저장했지만, 이제는 잘 쓰지 않습니다.

〈그림 2-59〉 디스켓 아이콘   〈그림 2-60〉 디스켓 실제 모습

디스켓 아이콘은 '지금까지 만든 것을 저장한다'는 뜻입니다. 이 디스켓 아이콘을 누르면 그림 2-61과 같이 〈저장하기〉 메뉴가 나옵니다. 이것을 클릭하면 지금까지 만든 작품을 인터넷에 저장할 수 있습니다.

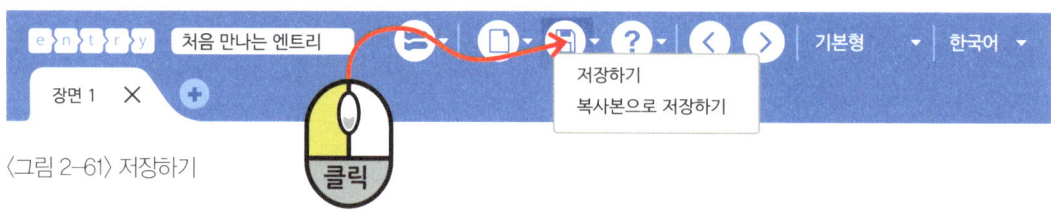

〈그림 2-61〉 저장하기

다른 프로그램에서도 이 디스켓 아이콘을 클릭하면 지금까지 만든 것이 저장됩니다.

처음 화면으로 돌아가서 〈마이 페이지〉 클릭하면 자신이 만든 작품을 볼 수 있습니다.

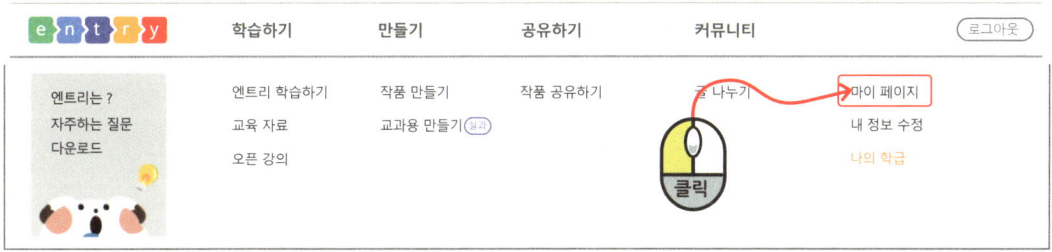

〈그림 2-62〉 마이페이지

자신이 만든 작품을 클릭하면 그림 2-63과 같은 화면이 나옵니다.

〈코드보기〉를 클릭하면 내가 코딩한 것을 볼 수 있습니다. 그리고 코딩한 것을 바꿀 수도 있습니다.

〈그림 2-63〉 코드보기

그리고 그림 2-64와 같은 화면이 나오는 경우가 있습니다.

마찬가지로 〈코드보기〉를 클릭하면 코딩한 것을 볼 수 있고 자신이 원하는 대로 바꿀 수도 있습니다.

〈그림 2-64〉 코드보기

 ## 배운 내용을 정리해요.

엔트리봇이 오른쪽으로 50만큼 움직이고 '안녕!'이라고 말하고, '내 이름은 엔트리봇이야.'라고 말하는 프로그램을 만들고 싶습니다.
다음 프로그램에서 틀린 부분을 찾아 동그라미 표시를 하고 그 이유를 쓰세요.

	스스로 평가해요.	확인
1	컴퓨터를 켜고 끌 수 있어요.	
2	자신의 이름을 말하는 프로그램 만들 수 있어요.	
3	엔트리에 들어가서 회원가입을 할 수 있어요.	
4	엔트리로 만든 작품을 저장할 수 있어요.	

답은 토마토북 카페(http://cafe.naver.com/arduinofun)에서 확인할 수 있습니다.

Chapter 2

수학

1. 숫자와 함께하는 신나는 코딩
2. 수학 퀴즈를 만들어요 1
3. 수학 퀴즈를 만들어요 2
4. 수학 퀴즈를 만들어요 3

소프트웨어로 배우는

1 숫자와 함께하는 신나는 코딩

여러분 수학 시간에 숫자를 배웠죠?

이번 시간에는 이 숫자를 사용해서 재미있는 작품을 직접 만들어 봅시다.

1부터 9까지 수를 세어 볼까요?

1, 2, 3, 4, 5, 6, 7, 8, 9

네~ 참 잘했습니다. 한글로도 읽어볼까요? 일, 이, 삼, 사, 오, 육, 칠, 팔, 구.

정말 잘 했습니다.

장면을 하나 만들고 〈장면1〉을 '9까지의 수'로 이름을 바꿉니다. 장면 이름을 정해주면 나중에 작품을 만들 때 헷갈리지 않습니다.

〈그림 1-1〉 장면 이름 바꾸기

Chapter 2 수학

엔트리봇이 1부터 9까지 수를 말하는 프로그램을 만들어 보겠습니다.

그림 1-2처럼 '엔트리봇'과 글상자를 넣습니다. 그리고 글상자는 '숫자'라고 이름을 짓습니다.

〈그림 1-2〉 장면 창

〈숫자〉 글상자에 그림 1-3처럼 코딩하면 1부터 9까지 숫자가 바뀝니다.

그런데 너무 길지 않나요? 조금 더 쉽게 코딩하는 방법은 없을까요?

바로 변수를 이용하면 됩니다. 변수는 학교에 있는 사물함 같은 것입니다. 어떤 값을 저장하는 것이죠.

사물함을 쓸 때 누구 사물함인지 모르면 물건을 찾기 어렵습니다. 번호나 이름을 표시해두면 물건을 찾기 쉽겠죠.

마찬가지로 저장된 것을 쉽게 찾기 위해서(컴퓨터에 값을 저장하기 위해서) 변수에도 이름을 짓습니다.

1. 숫자와 함께하는 신나는 코딩

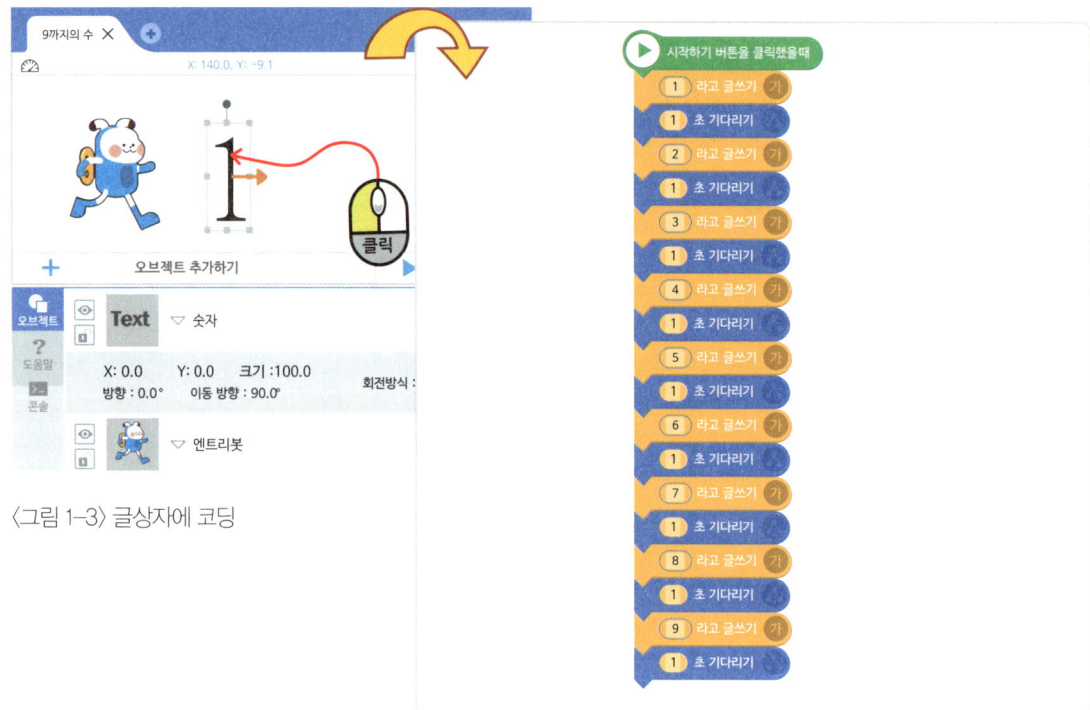

〈그림 1-3〉 글상자에 코딩

글상자 오브젝트를 클릭하고 〈속성〉-〈변수〉-〈변수 추가〉를 순서대로 클릭합니다. '9까지의 수'라고 쓰고 〈확인〉을 누르면 변수가 만들어집니다.

〈그림 1-4〉 변수 추가

〈정하기〉와 〈더하기〉의 차이는 무엇일까요?

〈정하기〉는 그냥 그 값으로 하는 것입니다. 원래 변수 값이 100이든, 10000이든 상관없습니다. 1로 정하면 원래 [시간] 변수 값이 무슨 값을 갖든지 [시간] 변수 값은 1이 됩니다.

〈그림 1-5〉 정하기

〈더하기〉는 원래 변수 값에서 어떤 값을 더하거나 뺄 때 사용합니다.

[9까지의 수] 변수 값에 1이 저장되어 있다고 생각해 봅시다. 〈더하기〉 명령어를 사용하면 1+1이 되어서 [9까지의 수] 변수 값에 2가 저장됩니다.

〈그림 1-6〉 더하기

우리는 1부터 9까지 차례대로 숫자를 말해야 합니다. 그래서 [9까지의 수] 변수에 1을 저장합니다.

〈그림 1-7〉 정하기

그림 1-8처럼 코딩을 하면 1부터 9까지 차례대로 숫자가 보이게 됩니다.

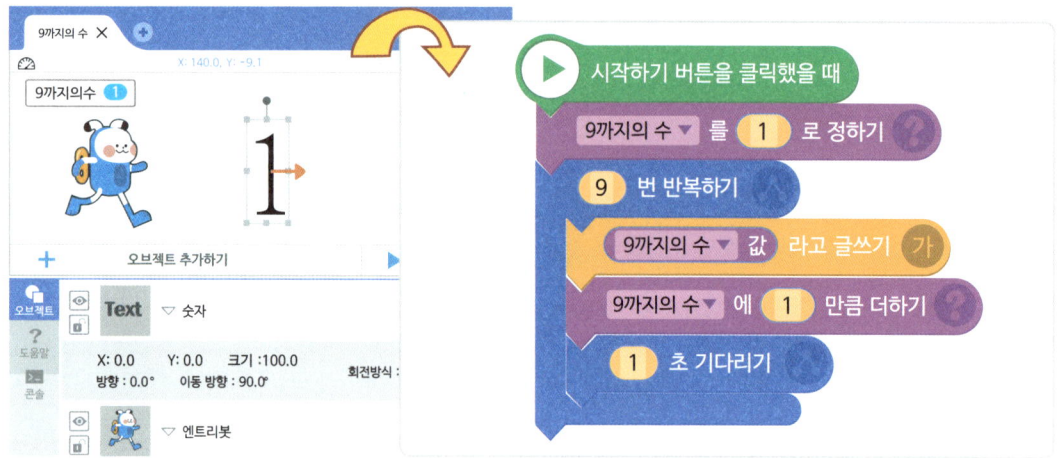

〈그림 1-8〉 〈반복하기〉 명령어 사용하기

한 번 프로그램을 시작해볼까요?

왼쪽 위를 보면 [9까지의 수] 변수 값이 보입니다.

1초마다 변수 값이 변하고 오른쪽에 있는 숫자가 변하는 것이 보이나요?

〈그림 1-9〉 장면 창

엔트리봇이 한글로 1부터 9까지의 수를 말하도록 코딩을 하고 싶습니다.
그림 1-10처럼 코딩을 하면 되겠죠?

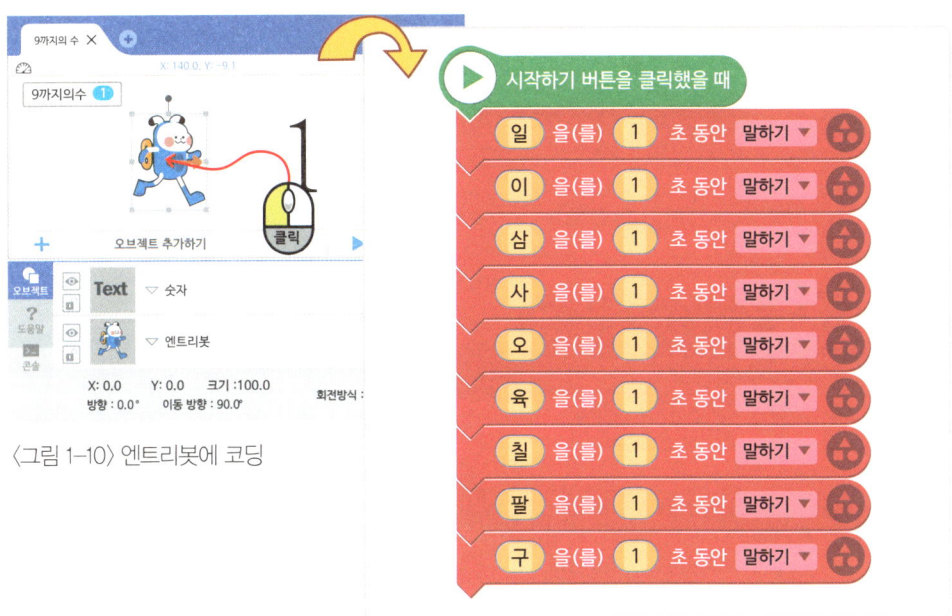

〈그림 1-10〉 엔트리봇에 코딩

그러면 그림 1-11처럼 엔트리봇이 말을 하게 됩니다.

〈그림 1-11〉 장면 창

1. 숫자와 함께하는 신나는 코딩

완성된 코딩! 정리

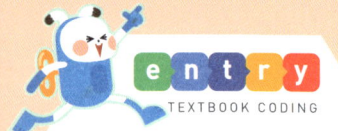

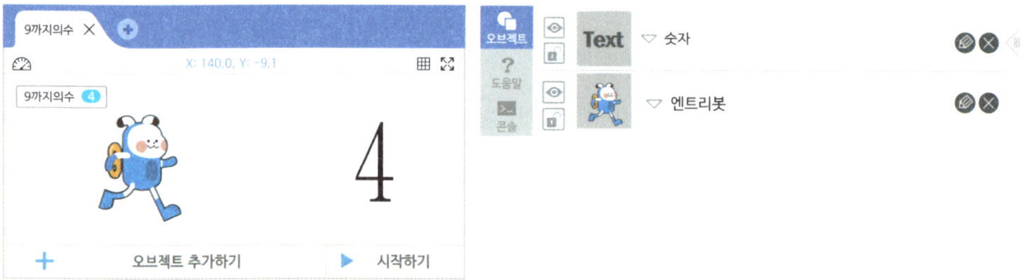
9까지의수
X: 140.0, Y: -9.1
9까지의수 4
4
오브젝트 추가하기
시작하기
오브젝트
도움말
콘솔
Text
숫자
엔트리봇

숫자

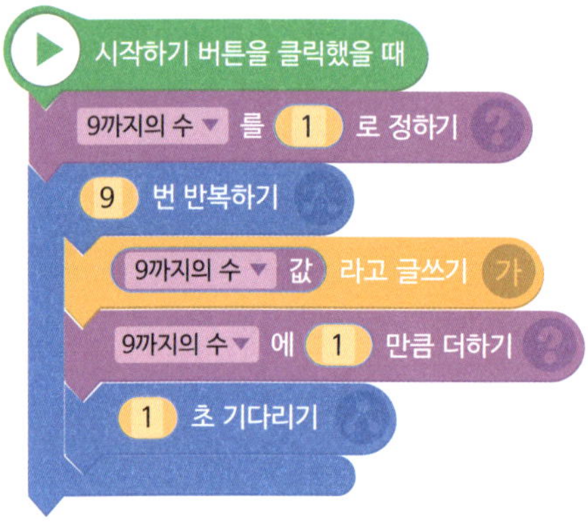
시작하기 버튼을 클릭했을 때
9까지의 수 를 1 로 정하기
9 번 반복하기
9까지의 수 값 라고 글쓰기
9까지의 수 에 1 만큼 더하기
1 초 기다리기

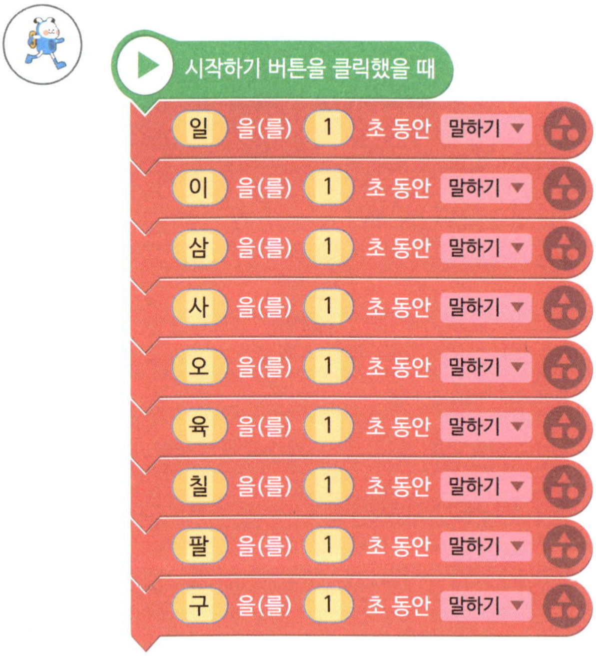
시작하기 버튼을 클릭했을 때
일 을(를) 1 초 동안 말하기
이 을(를) 1 초 동안 말하기
삼 을(를) 1 초 동안 말하기
사 을(를) 1 초 동안 말하기
오 을(를) 1 초 동안 말하기
육 을(를) 1 초 동안 말하기
칠 을(를) 1 초 동안 말하기
팔 을(를) 1 초 동안 말하기
구 을(를) 1 초 동안 말하기

장면을 하나 더 넣어서 '문제1'이
라고 이름을 짓습니다.

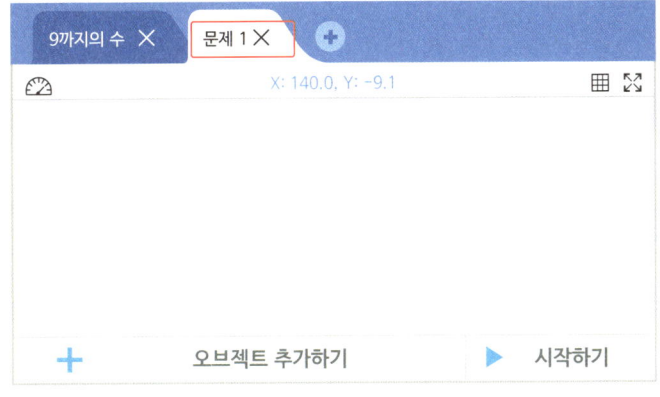

〈그림 1-12〉 문제1 장면 넣기

그림 1-13처럼 〈다음 장면 시작하기〉 명령어를 넣으면 1부터 9까지의 수를 다 말하고 〈문제1〉로 장면이 바뀝니다.

〈그림 1-13〉 다음 장면 시작하기

〈문제1〉 장면은 숫자를 사용해서 '자음-모음 맞히기 게임'을 만들어 보겠습니다.

그림 1-14와 같이 여러 가지 자음과 모음을 넣습니다.

이 책에서는 자음 ㅇ, ㅅ, ㅁ과 모음 ㅏ, ㅡ를 넣었습니다.

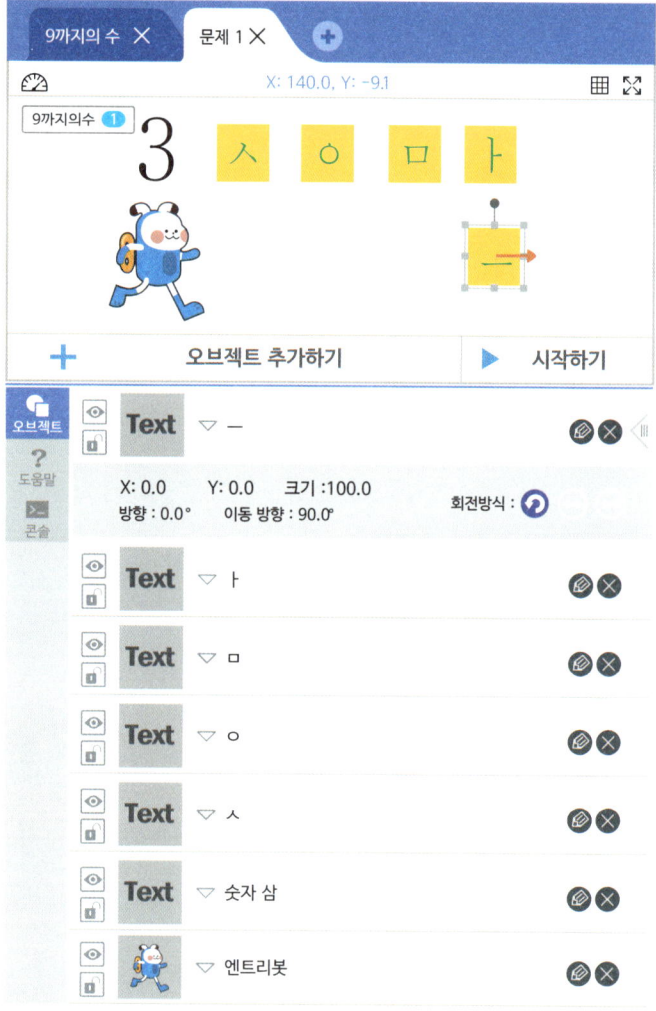

〈그림 1-14〉 장면 창과 오브젝트 창

장면이 시작되면 [9까지의 수] 변수를 화면에 안 보이게 합니다.

아무 오브젝트나 골라서 코딩을 해도 됩니다.

우리는 '숫자 삼' 글상자에 그림 1-15처럼 〈변수 9까지의 수 숨기기〉 명령어를 사용하여 코딩하겠습니다.

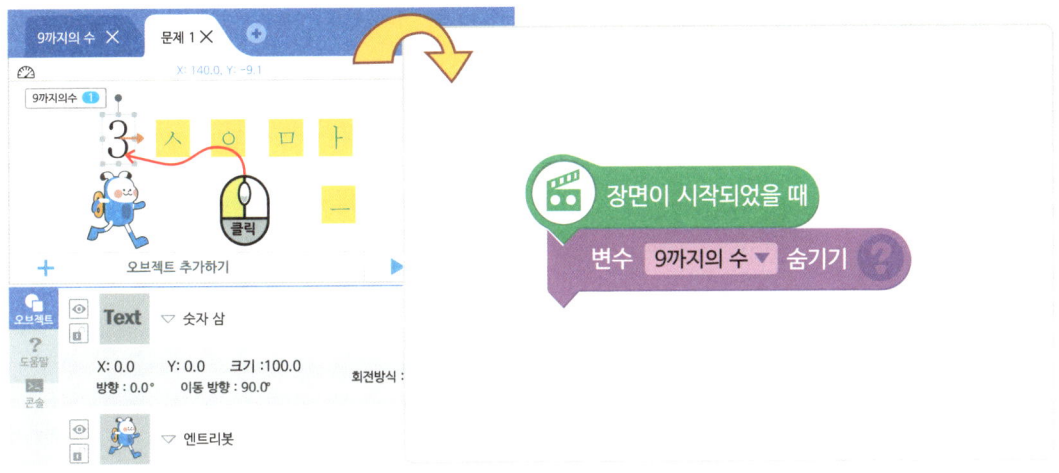

〈그림 1-15〉 [9까지의 수] 변수 숨기기

그림 1-16처럼 코딩을 하면 엔트리봇이 움직이는 것처럼 보이면서 마우스포인터로 움직이게 됩니다.

엔트리봇의 모양을 1초마다 바꾸어주면 움직이는 것처럼 보입니다.

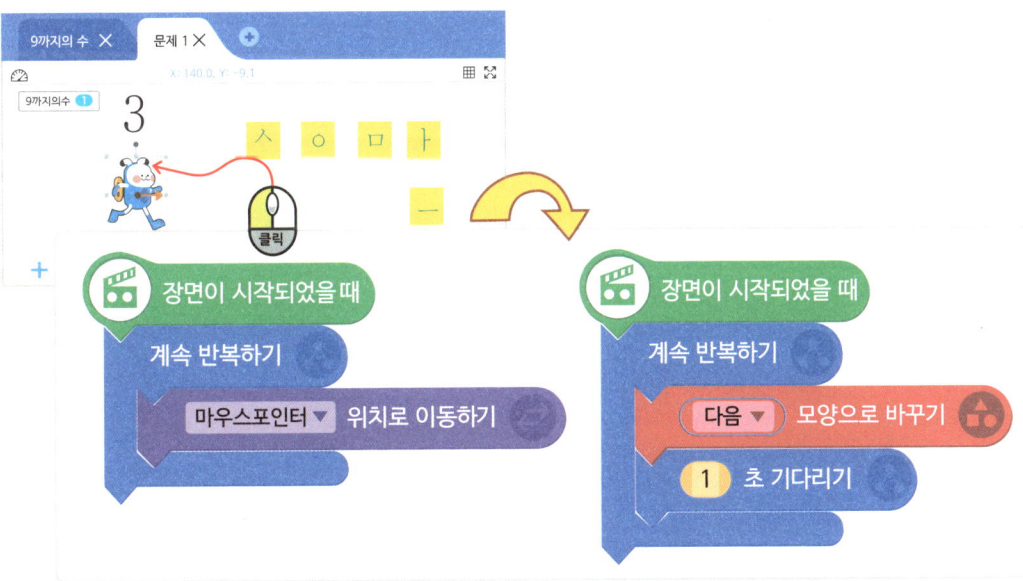

〈그림 1-16〉 엔트리봇에 코딩

[점수]라는 변수를 만듭니다. 엔트리봇에 그림 1-17과 같이 코딩을 합니다.

먼저 [점수] 변수는 0으로 정합니다. 시작할 때 점수를 0에서부터 시작해야겠죠?

'위에 있는 숫자 이름에 사용되는 자음, 모음 카드를 모두 모으세요.'라고 말한 뒤에 '엔트리봇은 마우스를 따라서 움직입니다.'라고 말합니다. 퀴즈를 설명해주는 겁니다.

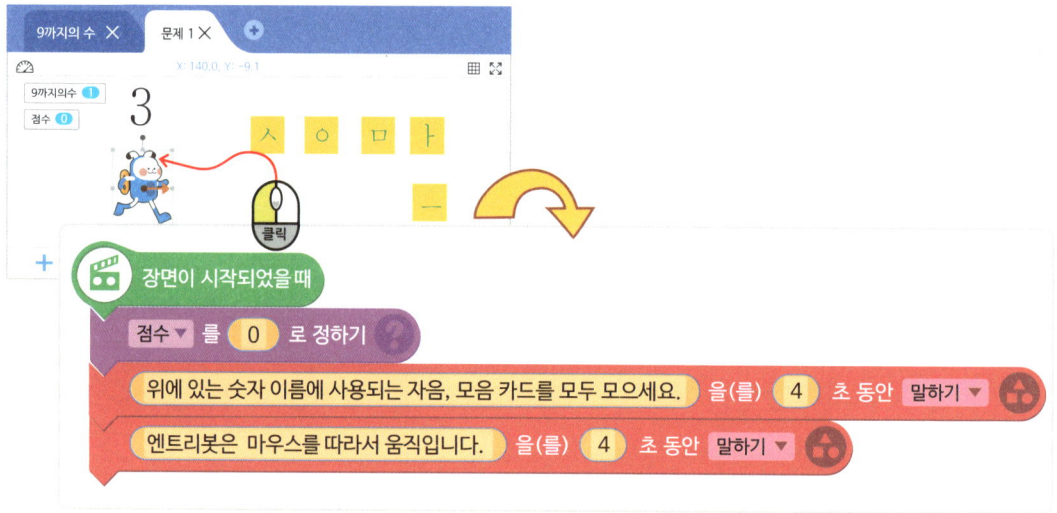

〈그림 1-17〉 엔트리봇에 코딩

문제를 맞히면 소리가 나면 더욱 재미있는 퀴즈가 될 것 같습니다.

우리가 만든 퀴즈의 정답은 ㅅ, ㅏ, ㅁ입니다. 3은 한글로 삼이라고 읽기 때문이죠. 정답인 'ㅅ'을 고르고 '기합 소리'를 추가해서 넣습니다.

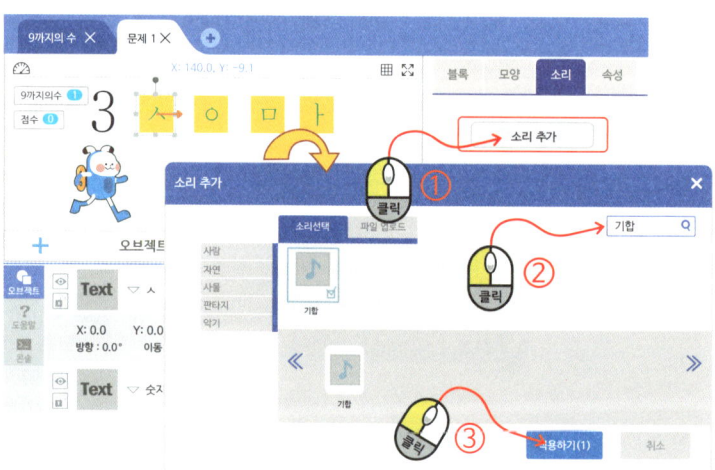

〈그림 1-18〉 기합 소리 추가

그림 1-19처럼 코딩을 하면 'ㅅ' 글자가 엔트리봇과 닿았을 때 [점수] 변수에 1을 더하고 기합 소리를 재생하고 모양을 숨기게 됩니다. 'ㅅ' 글자가 정답이기 때문에 [점수] 변수에 1을 더해주는 겁니다. 그리고 모양을 숨겨야 하겠죠?

〈그림 1-19〉〈ㅅ〉 글상자에 코딩

이 명령어를 복사해서 'ㅏ'와 'ㅁ' 글사에 붙어닣기를 합니다.

그리고 'ㅏ'와 'ㅁ' 글자에도 '기합 소리'를 넣어 줘야 합니다.

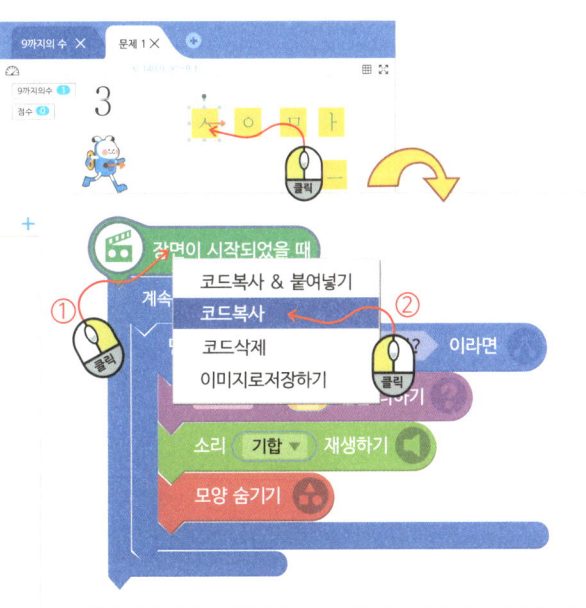

〈그림 1-20〉 코드 복사

1. 숫자와 함께하는 신나는 코딩

그럼 엔트리봇이 'ㅇ'이나 'ㅡ' 글자에 닿으면 어떻게 해야 할까요? 다시 처음부터 문제를 풀어야 되겠죠?

어떻게 하면 문제를 처음부터 풀 수 있을까요? 바로 신호를 사용하면 됩니다.

그림 1-21처럼 〈다시 하기〉 신호를 만듭니다.

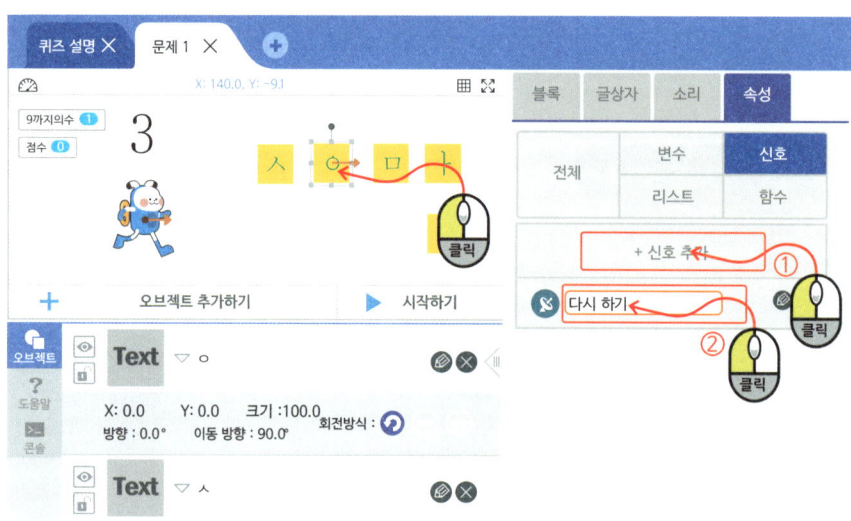

〈그림 1-21〉 〈다시 하기〉 신호 만들기

'ㅇ'과 'ㅡ' 글자에 그림 1-22처럼 코딩을 합니다.

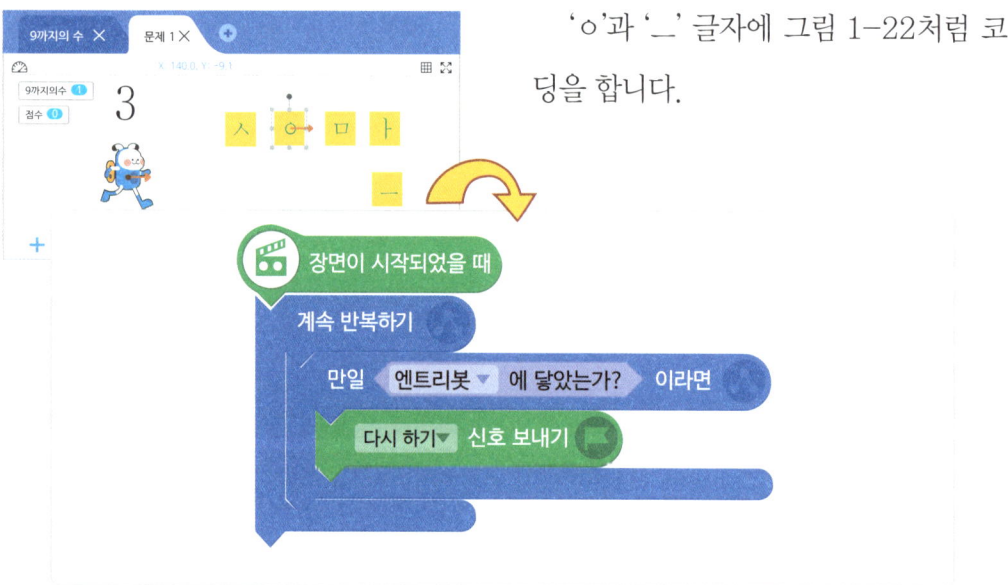

〈그림 1-22〉 'ㅇ', 'ㅡ' 글상자 코딩하기

엔트리봇이 〈다시 하기〉 신호를 받으면 '다시 문제를 풀어보세요.'라고 말하고 다시 〈문제1〉 장면을 처음부터 시작하면 됩니다.

엔트리봇에 그림 1-23처럼 코딩을 합니다.

〈그림 1-23〉 엔트리봇에 코딩

그런데 문제를 다 설명할 때까지 엔트리봇이 움직이면 안 됩니다. 어떻게 하면 될까요? 〈문제1〉 장면이 시작하면 8초 동안 퀴즈를 설명합니다.

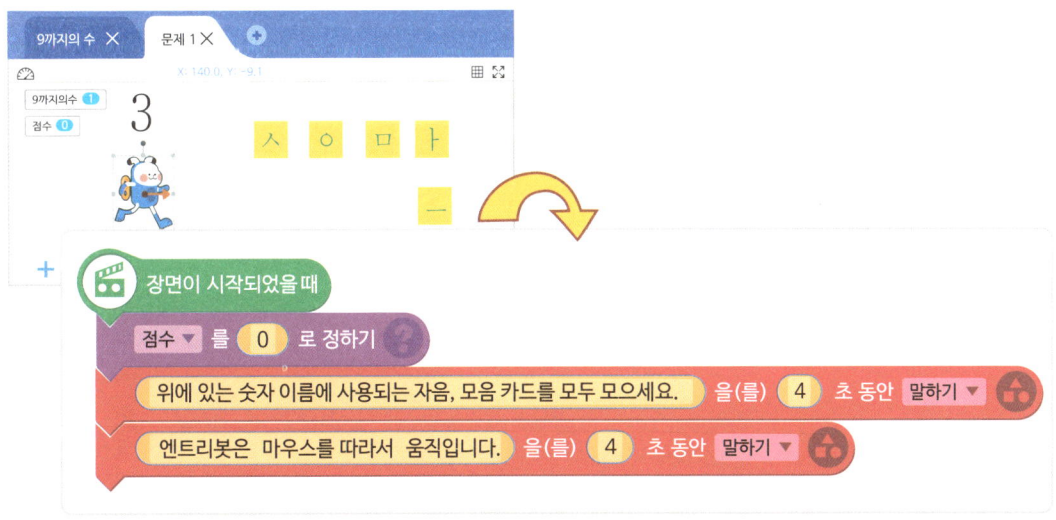

〈그림 1-24〉 문제 설명

그림 1-25처럼 8초를 기다리고 마우스포인터를 따라서 움직이면 되겠죠?

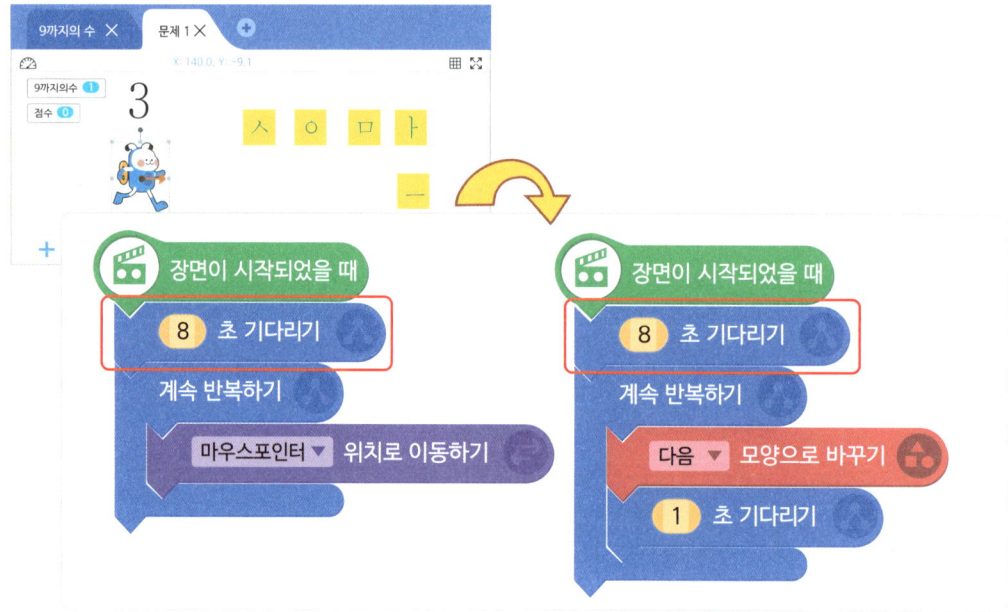

〈그림 1-25〉 8초 기다리기

코딩을 잘하기 위해서는 덧셈을 잘해야 합니다. 수학 교과서를 보면서 열심히 덧셈 공부를 해야겠죠?

그리고 〈오브젝트 추가하기〉 -〈글상자〉에서 글자 색상은 흰색으로, 바탕은 분홍으로 고르고 〈점수〉 글상자를 그림 1-26처럼 넣습니다.

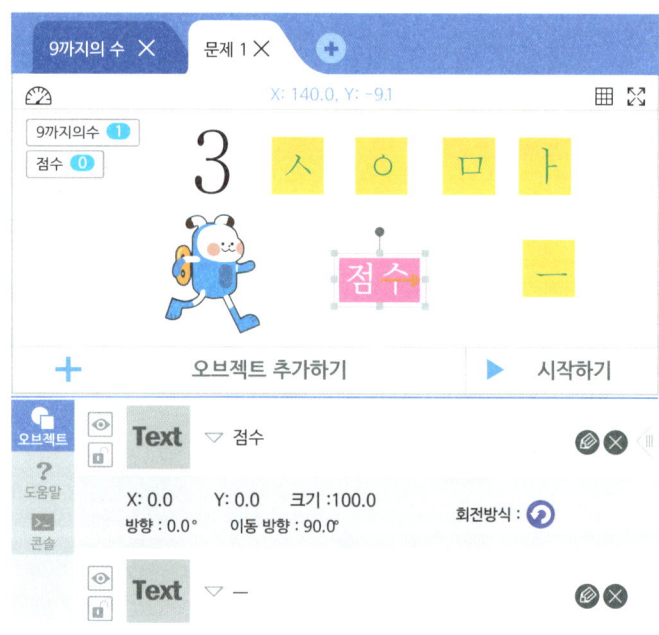

〈그림 1-26〉 장면 창

Chapter 2 수학

〈점수〉 글상자에 그림 1-27과 같이 코딩을 하면 그림 1-28처럼 보이게 됩니다.

〈그림 1-27〉 [점수] 변수 글쓰기

〈그림 1-28〉 장면 창

화면에 '점수: 1'이라고 보이면 더 좋겠죠? 여기서 글자 합치기 기능을 배워봅시다.

〈그림 1-29〉 글자 합치기

예를 들어 '코딩' '공부'를 합치면 '코딩공부'가 됩니다. 그렇다면 코딩 글자 뒤에 스페이스키를 눌러서 한 칸을 띄우면 어떻게 될까요?

1. 숫자와 함께하는 신나는 코딩

'코딩', '공부'를 합치면 '코딩 공부'가 됩니다. 이것을 띄어쓰기라고 합니다.

'아버지가'와 '방에 들어가신다'를 띄어쓰기 없이 합치면 '아버지가방에 들어가신다'라는 글자가 됩니다. 아버지가 가방에는 들어갈 수 없잖아요?

'점수: ' 이런 식으로 ':' 다음에 한 칸을 띄어줍니다. ':'는 영어로 콜론이라고 합니다. 그러면 보기가 정말 좋습니다. 시프트(Shift) 키를 누른 채로 ';' 표시가 있는 키를 누르면 됩니다. ';'는 세미 콜론이라고 합니다. 키보드를 잘 보면, 세미 콜론과 콜론이 한 키 안에 있는 것을 알 수 있습니다.

〈점수〉 글상자에 그림 1-30처럼 코딩을 하면 그림 1-31처럼 보이게 됩니다.

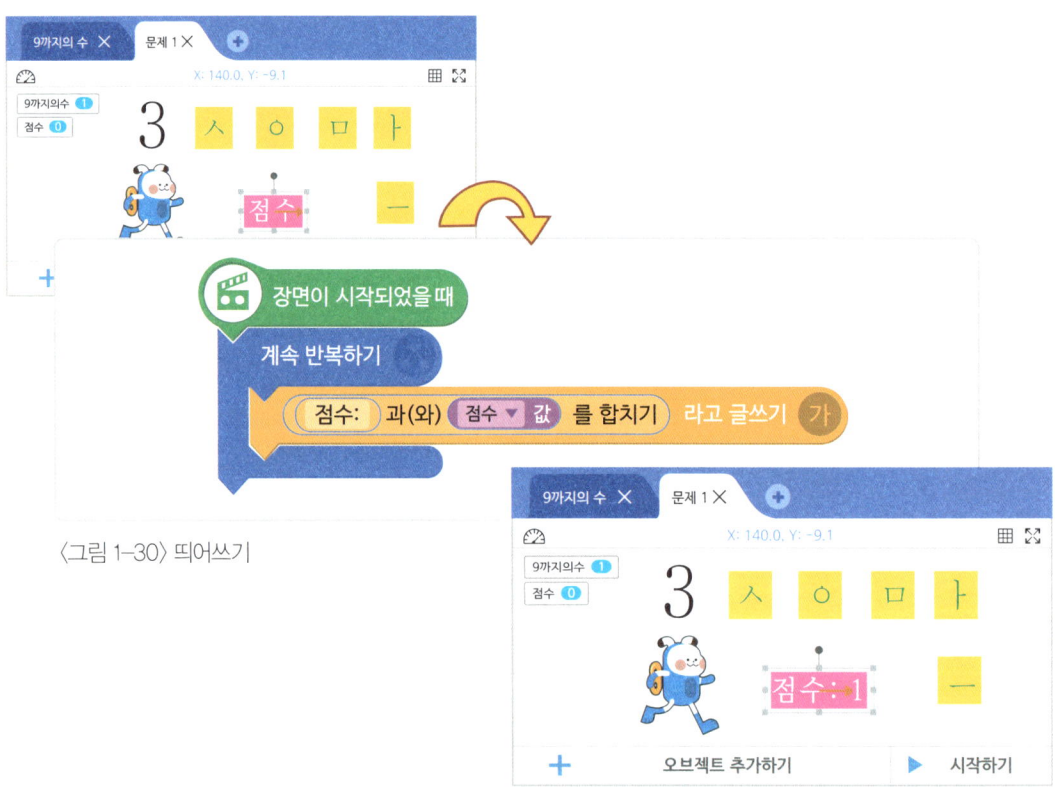

〈그림 1-30〉 띄어쓰기

〈그림 1-31〉 장면 창

삼은 세 글자(ㅅ, ㅏ, ㅁ)로 되어 있습니다. 점수가 3점이 되면 다음 장면으로 넘어가면 되겠죠? '='는 등호라고 하며 '같다'는 뜻입니다.

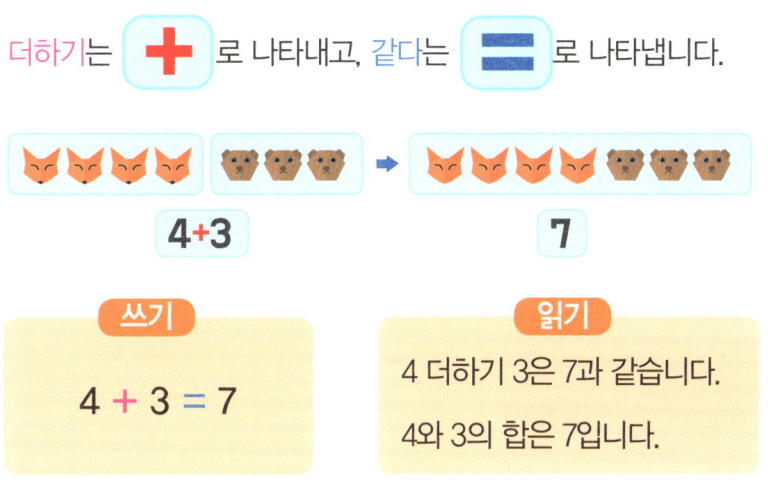

〈그림 1-32〉 더하기

교실에 축구공이 3개 있다는 것을 수학으로는 '축구공=3'이라고 표현합니다. '점수=3'이라는 것은 점수가 3점이라는 뜻입니다.

〈그림 1-33〉〈점수〉 변수로 코딩하기

1. 숫자와 함께하는 신나는 코딩

완성된 코딩 정리

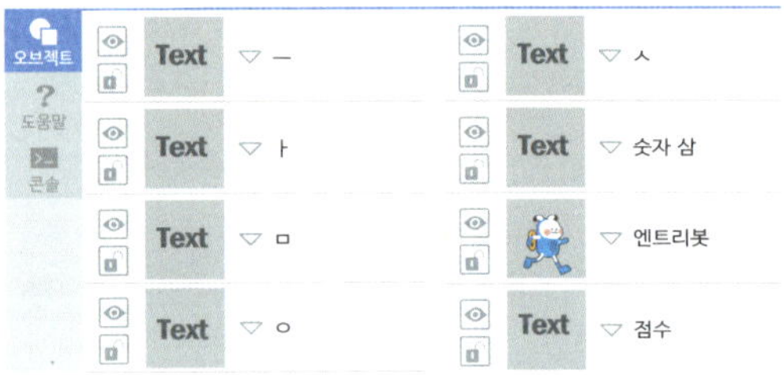

장면이 시작되었을 때
- 변수 9까지의 수 ▼ 숨기기

장면이 시작되었을 때
- 8 초 기다리기
- 계속 반복하기
  - 마우스포인터 ▼ 위치로 이동하기

장면이 시작되었을 때
- 8 초 기다리기
- 계속 반복하기
  - 다음 ▼ 모양으로 바꾸기
  - 1 초 기다리기

장면이 시작되었을 때
- 점수 ▼ 를 0 로 정하기
- 위에 있는 숫자 이름에 사용되는 자음, 모음 카드를 모두 모으세요. 을(를) 4 초 동안 말하기 ▼
- 엔트리봇은 마우스를 따라서 움직입니다 을(를) 4 초 동안 말하기 ▼

다시 하기 ▼ 신호를 받았을 때
- 다시 문제를 풀어보세요. 을(를) 4 초 동안 말하기 ▼
- 문제 1 ▼ 시작하기

Chapter 2 수학

완성된 코딩 정리

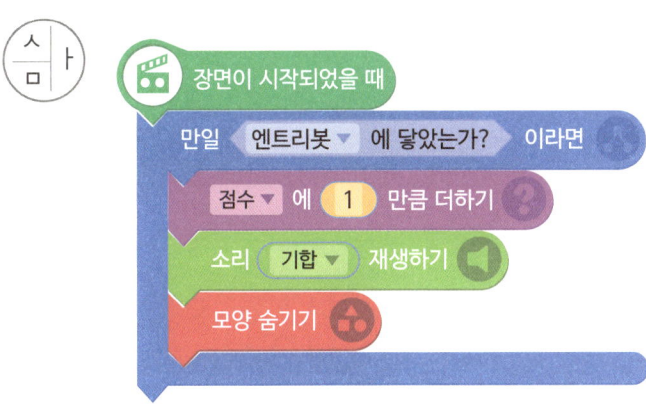

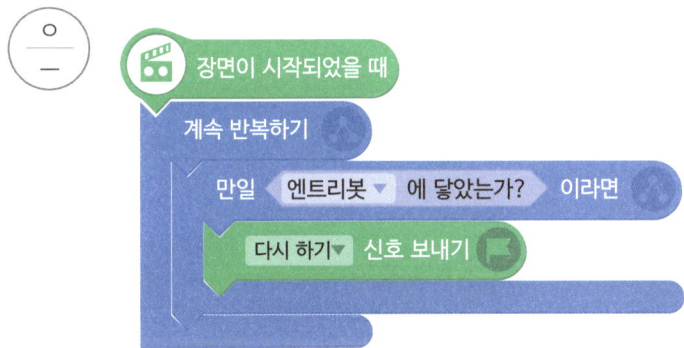

1. 숫자와 함께하는 신나는 코딩

〈마지막 장면〉을 그림 1-34처럼 만듭니다.

〈그림 1-34〉 마지막 장면

'꽃밭(3)'을 클릭하고 그림 1-35처럼 코딩을 합니다.

〈마지막 장면〉이 시작되면 그림 1-36처럼 [점수] 변수가 안 보이게 됩니다.

〈그림 1-35〉 꽃밭(3)에코딩

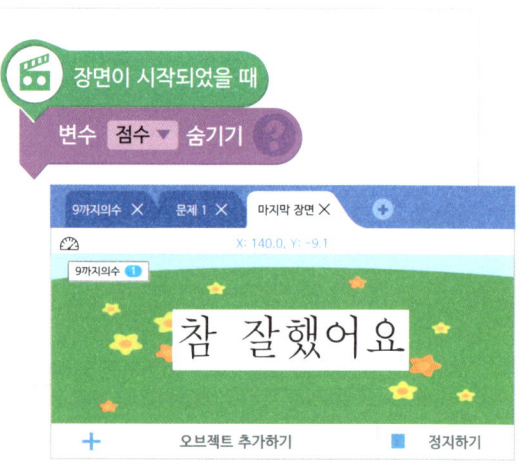

〈그림 1-36〉 [점수] 변수 숨기기

이번 시간에는 변수와 신호에 대해서 배웠습니다.

변수와 신호를 잘 이해한다면 엔트리로 정말 멋진 작품을 만들 수 있습니다.

열심히 반복해서 읽어서 머릿속에 보물처럼 간직하세요.

 ## 배운 내용을 정리해요.

글상자를 만들어서 4부터 9까지 숫자를 쓰도록 코딩을 하고 싶습니다. 빈 칸을 채워서 프로그램을 완성해 주세요.

	스스로 평가해요.	확인
1	문제를 나눠서 생각할 수 있어요.	
2	변수를 사용해서 코딩할 때 〈정하기〉와 〈더하기〉를 구분해서 사용할 수 있어요.	
3	변수와 반복하기를 사용해서 1부터 9까지 수를 말할 수 있어요.	
4	글자를 합쳐서 사용할 수 있어요.	

답은 토마토북 카페(http://cafe.naver.com/arduinofun)에서 확인할 수 있습니다.

1. 숫자와 함께하는 신나는 코딩

2 수학 퀴즈를 만들어요 1

이번 시간에는 재미있는 이야기가 있는 수학 퀴즈를 만들어 보겠습니다.

장면을 여러 개 넣어서 재미있는 이야기가 되도록 만들겠습니다.

먼저 그림 2-1처럼 오브젝트를 넣습니다.

〈그림 2-1〉 장면 창과 오브젝트 창

글상자를 고르고 그림 2-2처럼 글을 씁니다.

〈그림 2-2〉 글상자

그러면 장면이 그림 2-3처럼 바뀌게 됩니다.

〈그림 2-3〉 장면 창

그리고 그림 2-4처럼 코딩을 합니다. 그러면 3초 있다가 다음 장면이 시작됩니다.

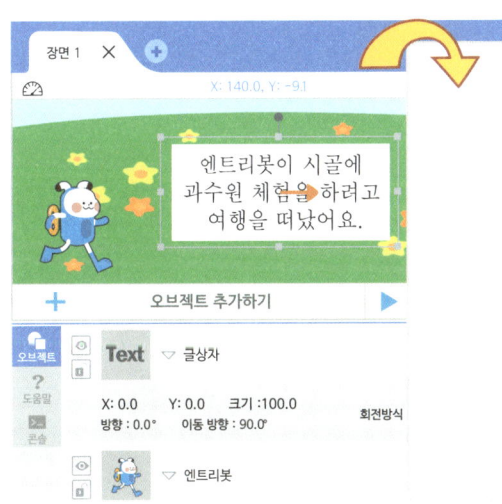

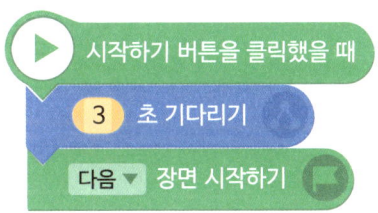

〈그림 2-4〉 다음 장면 시작하기

2. 수학 퀴즈를 만들어요 1

장면을 하나 더 넣고 그림 2-5처럼 장면을 만듭니다.

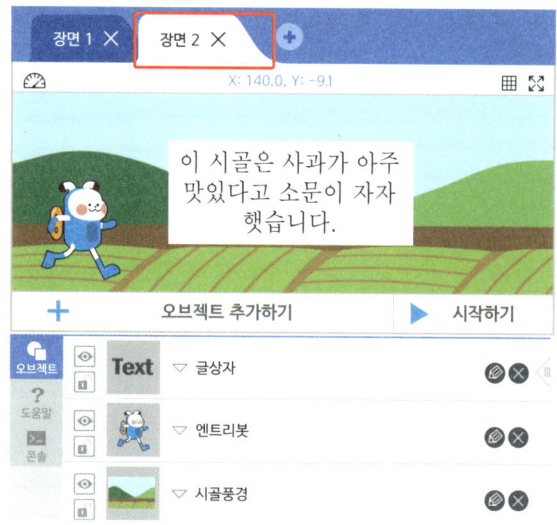

〈그림 2-5〉 장면 만들기

장면이 시작되면 다시 3초를 기다리고 다음 장면을 시작합니다.

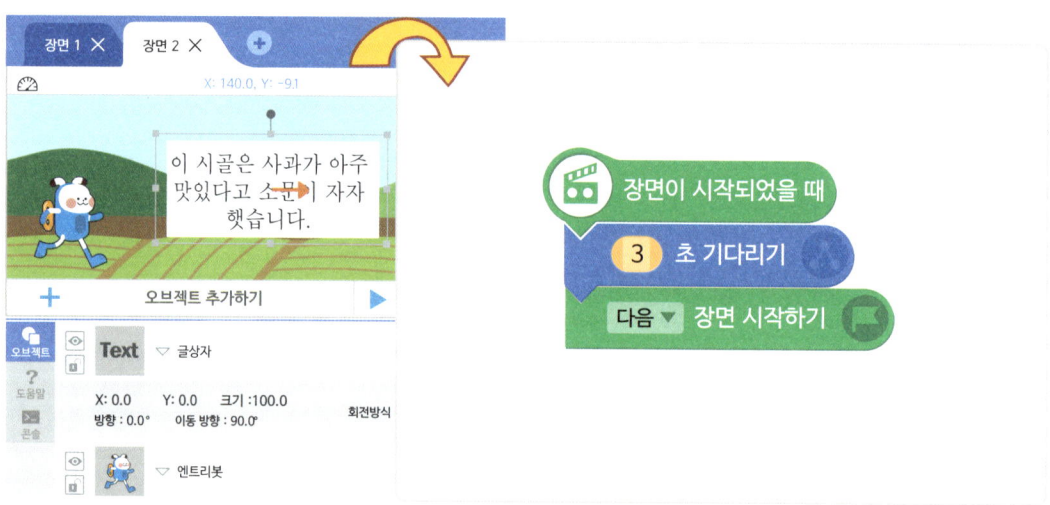

〈그림 2-6〉 다음 장면 시작하기

이런 식으로 장면을 여러 개 만듭니다.

〈그림 2-7〉 장면 만들기

〈장면3〉부터는 문제를 내기 시작합니다. 그림 2-8처럼 엔트리봇이 사과를 5개 얻었다는 것을 글로 씁니다.

〈그림 2-8〉 글상자

완성된 코딩 정리

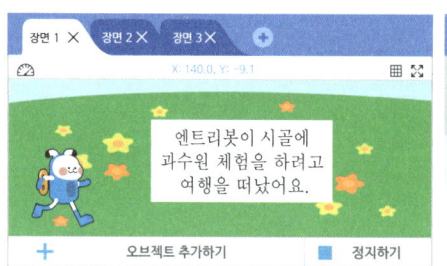

이제 사과 5개가 차례대로 나오도록 코딩을 해볼까요?

사과 오브젝트를 넣고 '사과 1'이라고 이름을 짓습니다.

〈그림 2-9〉 '사과' 오브젝트 넣기

'사과1'에 그림 2-10처럼 코딩을 합니다.

그러면 처음에는 보이지 않다가 1초가 지나면 사과가 보이게 됩니다.

〈그림 2-10〉 '사과1'에 코딩

그리고 '사과 1'을 여러 개 복제합니다. 그러면 자동으로 '사과 2', '사과 3' 이렇게 이름이 붙게 됩니다.

여기에서는 사과의 순서가 중요하기 때문에 처음 이름을 '사과 1'로 지었습니다.

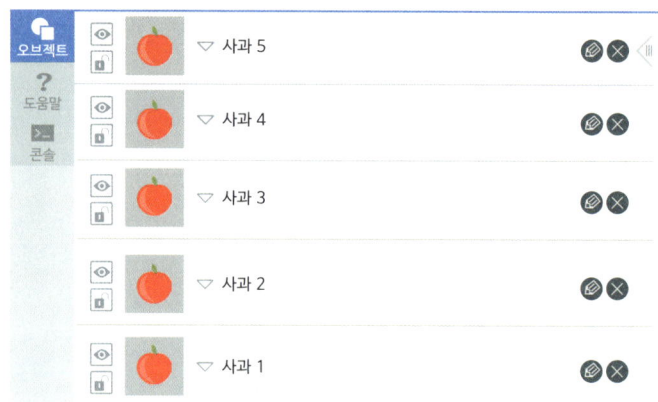

〈그림 2-11〉 '사과1' 복제

'사과 2'는 2초 있다가 보이게 코딩을 합니다.

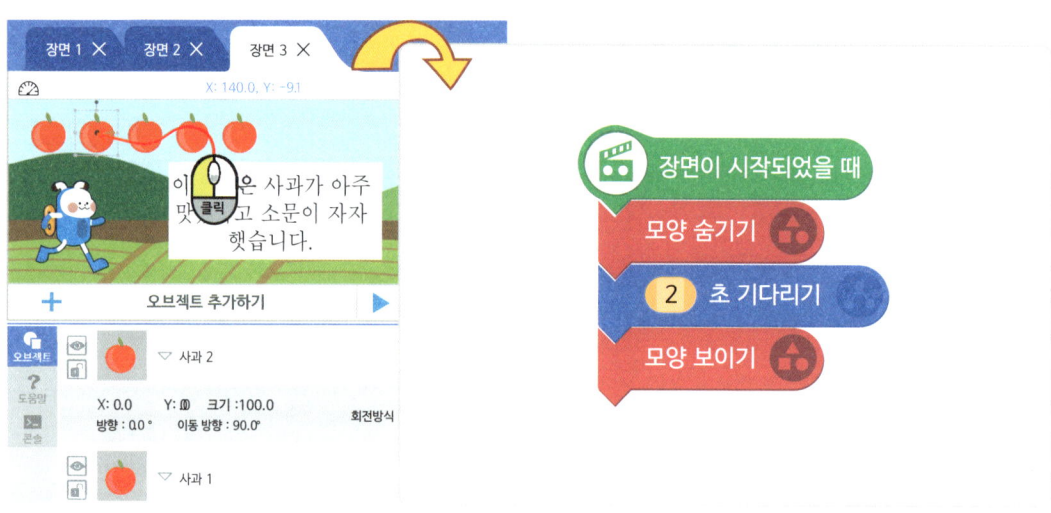

〈그림 2-12〉 '사과2'에 코딩

'사과 3'은 3초 있다가 보여야겠죠?

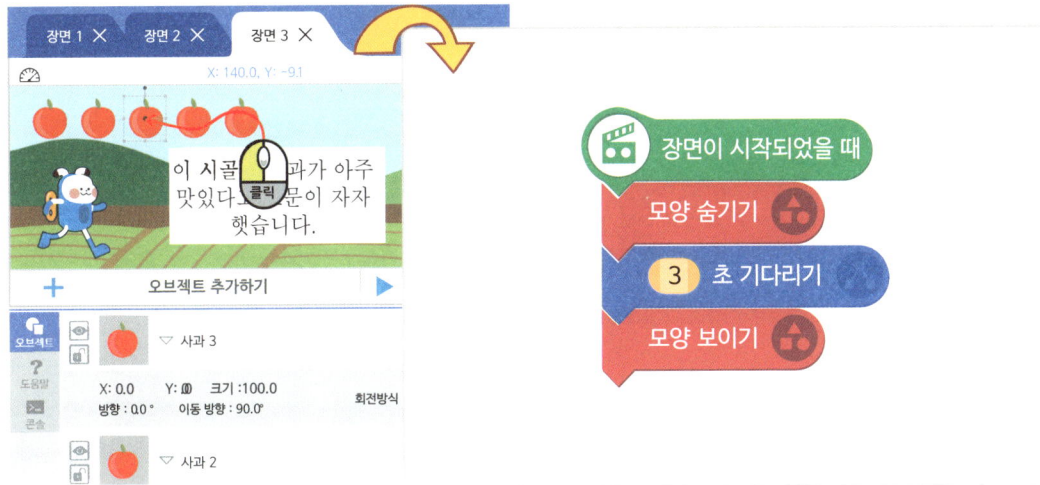

〈그림 2-13〉 '사과3'에 코딩하기

이런 식으로 '사과 5'까지 코딩을 합니다.

사과가 5개 다 보이면 다음 장면으로 넘어가면 됩니다.

〈그림 2-14〉 '사과5'에 코딩하기

그런데 이렇게 하면 5개 사과가 보이고 바로 다음 장면으로 넘어갑니다. 그러면 안 되겠죠? 그래서 그림 2-15처럼 2초 정도 기다리고 다음 장면으로 넘어가면 됩니다.

〈그림 2-15〉 2초 기다리기

한 번 프로그램을 시작해볼까요? 〈장면 3〉이 시작되면 사과가 다 보였다가 사라집니다. 조금 이상하죠? 왜 그럴까요?

'사과 1' 오브젝트 왼쪽을 보면 눈 표시가 보이나요? 눈을 뜬 것 같은 모양이 되면 우선 오브젝트가 보이게 됩니다.

앞에 있는 것처럼 코딩을 하면 일단 보였다가 다 사라지게 되는 것이죠.

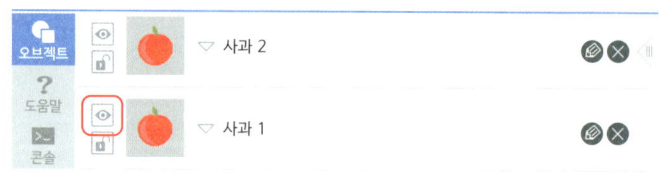

〈그림 2-16〉 눈 표시

이 눈 표시를 클릭하면 눈을 감은 것처럼 보입니다. 눈을 감은 것처럼 모습이 바뀌면 처음부터 화면에서 보이지 않습니다.

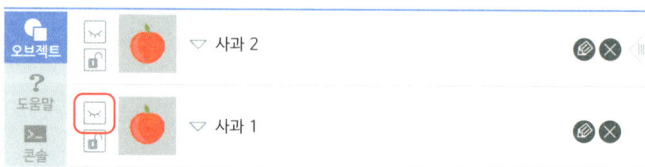

〈그림 2-17〉 눈 표시 클릭

완성된 코딩 정리

사과1
- 장면이 시작되었을 때
- 모양 숨기기
- 1 초 기다리기
- 모양 보이기

사과2
- 장면이 시작되었을 때
- 모양 숨기기
- 2 초 기다리기
- 모양 보이기

사과3
- 장면이 시작되었을 때
- 모양 숨기기
- 3 초 기다리기
- 모양 보이기

사과4
- 장면이 시작되었을 때
- 모양 숨기기
- 4 초 기다리기
- 모양 보이기

사과5
- 장면이 시작되었을 때
- 모양 숨기기
- 5 초 기다리기
- 모양 보이기
- 2 초 기다리기
- 다음 장면 시작하기

2. 수학 퀴즈를 만들어요 1

다시 시작해보면 우리가 생각한 대로 잘 되는 것을 알 수 있습니다.

〈그림 2-18〉 잘 되는지 확인하기

〈장면 3〉을 복제해서 〈장면 4〉를 만들겠습니다.

장면 이름에 오른쪽 버튼을 누르면 〈복제하기〉 메뉴가 나옵니다. 이것을 클릭합니다.

〈그림 2-19〉 장면 복제하기

그러면 〈장면 3〉에 있는 모든 오브젝트와 코딩한 것이 복제가 됩니다.

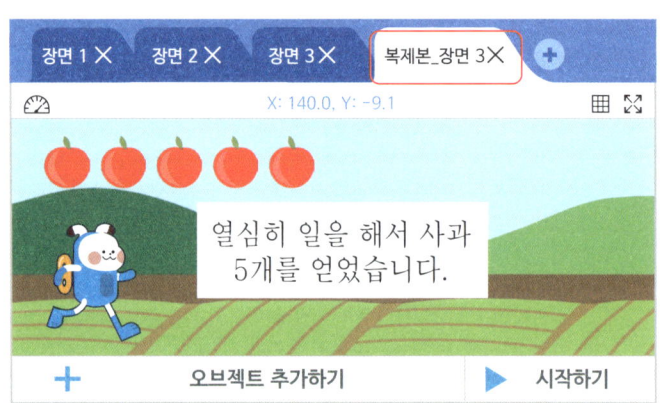

〈그림 2-20〉 장면 복제하기

그리고 〈장면 4〉로 이름을 바꾸고 그림 2-21처럼 만듭니다.

장면을 복사하면 오브젝트 이름을 엔트리 프로그램이 알아서 짓습니다.

〈그림 2-21〉 장면 4

우리는 5+3을 퀴즈로 내고 싶습니다. 사과 5개는 앞에서 사용했습니다.

사과를 3개만 사용하면 되니, '사과 9', '사과 10'은 지웁니다.

〈그림 2-22〉 사과 지우기

2. 수학 퀴즈를 만들어요 1

'사과 8'에 그림 2-23과 같이 코딩을 합니다.

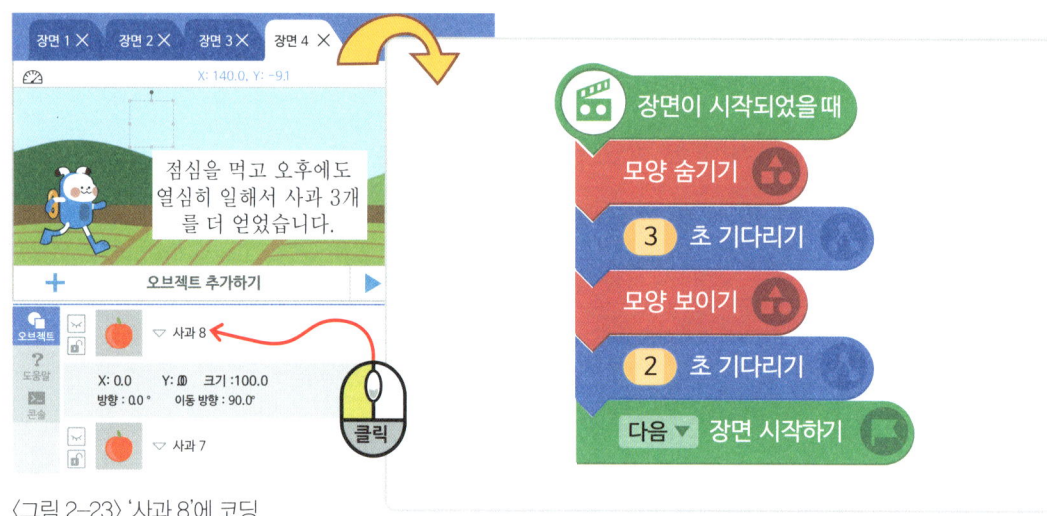

〈그림 2-23〉 '사과 8'에 코딩

완성된 코딩 정리

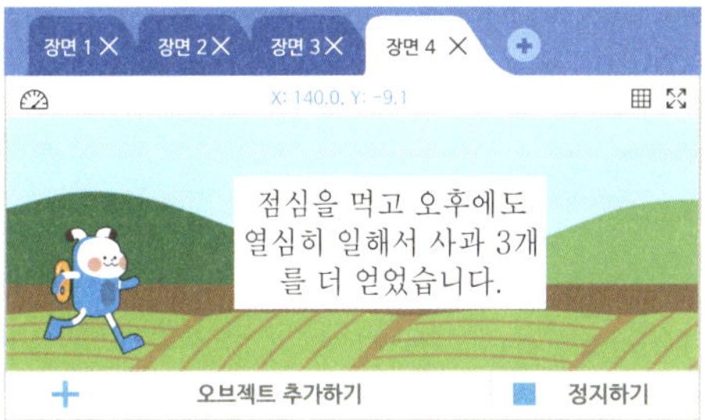
장면 1
장면 2
장면 3
장면 4
X: 140.0, Y: -9.1
점심을 먹고 오후에도
열심히 일해서 사과 3개
를 더 얻었습니다.
오브젝트 추가하기
정지하기

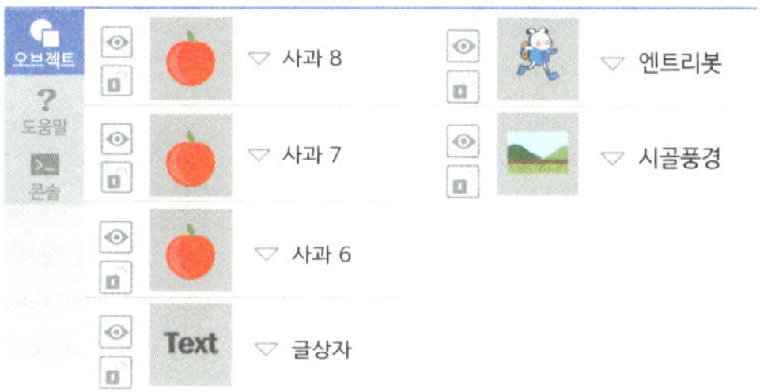
오브젝트
도움말
콘솔
사과 8
사과 7
사과 6
Text
글상자
엔트리봇
시골풍경

사과6

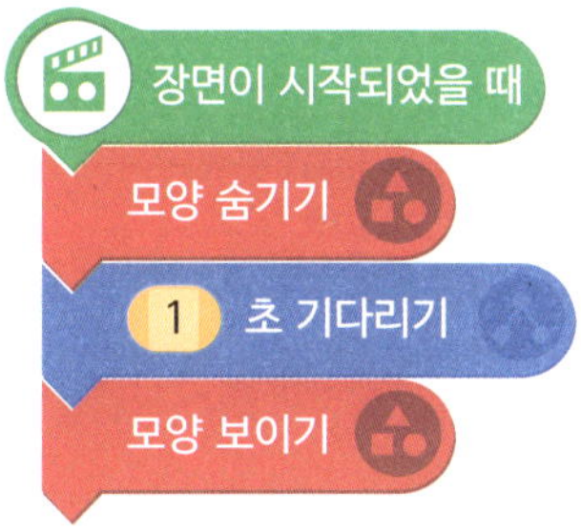
장면이 시작되었을 때
모양 숨기기
1 초 기다리기
모양 보이기

사과7

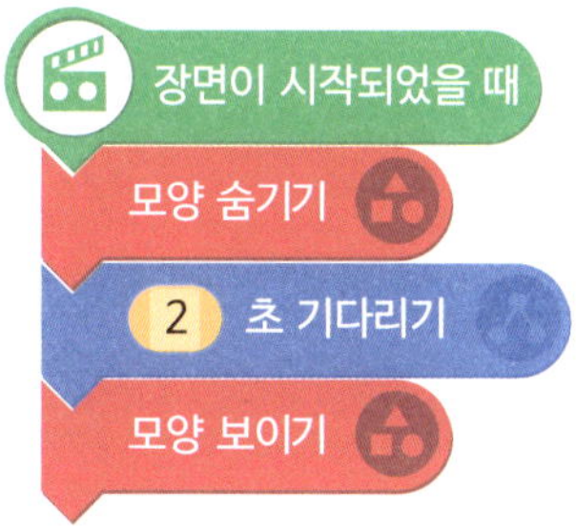
장면이 시작되었을 때
모양 숨기기
2 초 기다리기
모양 보이기

사과8

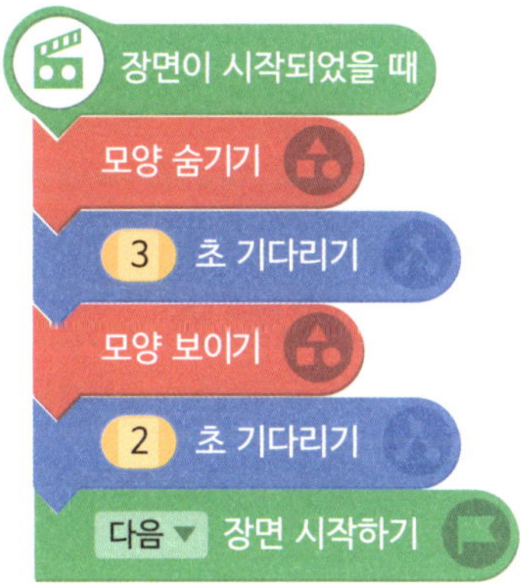
장면이 시작되었을 때
모양 숨기기
3 초 기다리기
모양 보이기
2 초 기다리기
다음 장면 시작하기

장면을 하나 더 만들어 '장면 5'라고 이름을 짓고 그림 2-24 처럼 만듭니다.

이 〈장면 5〉에서 문제를 내고 답을 맞히는 거죠.

〈그림 2-24〉 장면 5

〈오브젝트 추가하기〉-〈글상자〉를 선택하여 '정답입니다'라고 씁니다.

〈그림 2-25〉 글상자에 '정답입니다.'라고 쓰기

그림 2-26처럼 장면이 시작하면 글상자가 보이지 않게 합니다. 그리고 〈눈 표시〉도 클릭해서 화면에서 보이지 않게 합니다.

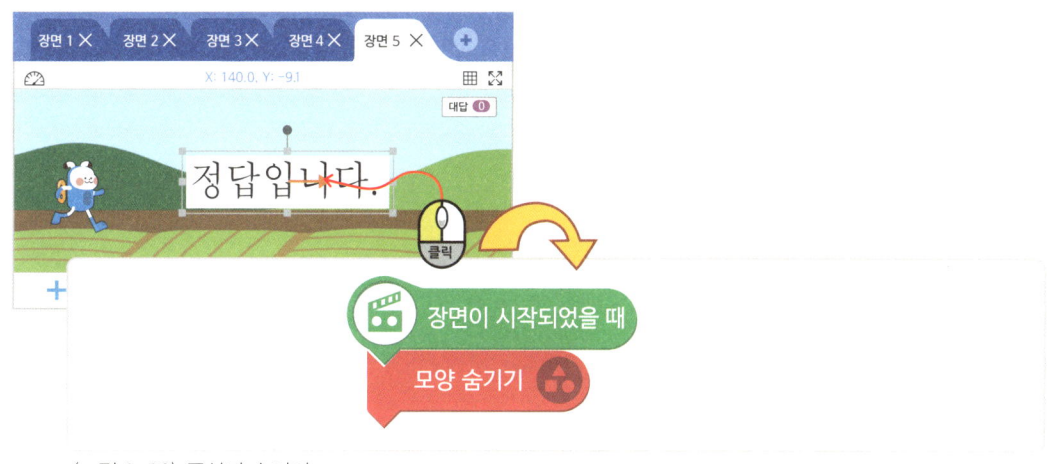

〈그림 2-26〉 글상자 숨기기

문제는 엔트리봇이 냅니다. 문제를 낼 때는 ██을(를) 묻고 대답 기다리기 ██ 명령어를 사용합니다. 색깔을 보니 〈자료〉 블록 꾸러미 ❓자료 에서 찾을 수 있겠죠?

〈그림 2-27〉 문제 내기

잘 되는지 확인해 봅시다. 그런데 〈장면 5〉를 확인하려면 처음부터 다시 시작해야 합니다. 코딩을 할 때는 중간 중간 확인하는 것이 매우 중요합니다.

그런데 장면의 수가 많아지면 어떻게 해야 할까요? 처음부터 계속 확인하는 것은 너무 시간이 많이 들지 않을까요?

이럴 때는 〈시작하기 버튼을 클릭했을 때〉 명령어를 사용합니다. 〈장면 5〉만 잘 되는지 확인하는 것이죠. 그리고 나중에 〈장면이 시작되었을 때〉로 바꿔주면 됩니다.

〈그림 2-28〉 잘 되는지 확인하기

오른쪽 위에 대답이라고 보이나요?

대답도 변수입니다.

다른 사람이 대답한 내용을 저장하는 것입니다.

〈그림 2-29〉 [대답] 변수

그림 2-30처럼 〈속성〉-〈신호〉-〈신호 추가하기〉를 선택하여 〈정답〉과 〈틀렸다〉 신호를 만듭니다.

〈그림 2-30〉 신호 만들기

엔트리봇에 그림 2-31처럼 코딩을 합니다. 엔트리봇이 얻은 사과는 5+3으로 모두 8개입니다. 그래서 대답이 8과 같으면 〈정답〉 신호를 보내고, 그렇지 않으면 〈틀렸다〉 신호를 보냅니다.

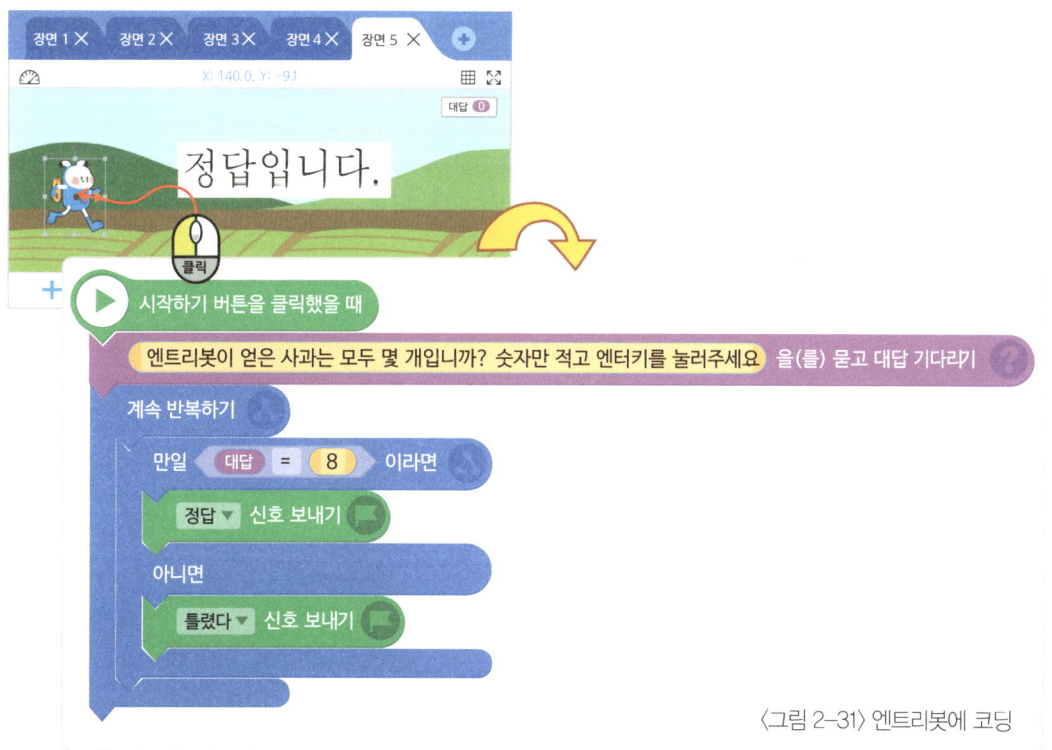

〈그림 2-31〉 엔트리봇에 코딩

2. 수학 퀴즈를 만들어요 1

잘 되는지 확인해볼까요? 〈시작하기 버튼을 클릭했을 때〉 명령어 블록을 사용해서 코딩하면 확인하기 편하다는 것 알죠?

엔트리봇이 얻은 사과의 개수를 그림 2-32와 같이 묻습니다.

8이라고 쓰고 엔터키를 누르거나 ∨표시를 클릭하면 그림 2-33처럼 [대답]에 8이 저장됩니다.

〈그림 2-32〉 문제 내는 엔트리봇

〈그림 2-33〉 [대답] 변수 값

그런데 8이 아닌 다른 수를 넣으면 그냥 가만히 있습니다. 그림 2-31처럼 코딩을 하면 한 번 묻고 다시는 묻지 않습니다.

그래서 그림 2-34처럼 코딩해서 엔트리봇이 문제를 계속 물어보도록 만들어야 합니다.

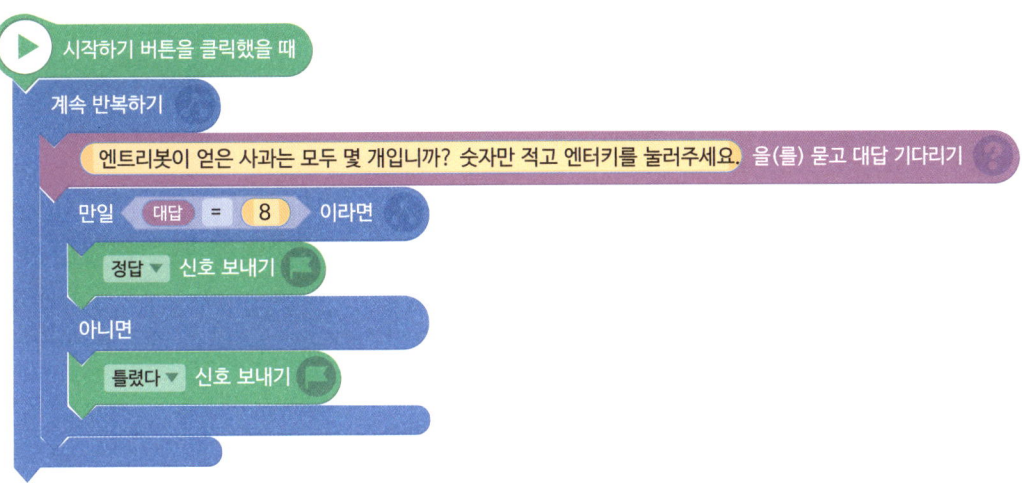

〈그림 2-34〉 엔트리봇에 코딩

글상자가 〈정답〉 신호를 받으면 '정답입니다.'라고 글을 씁니다. 글상자가 〈틀렸다〉 신호를 받으면 '다시 생각하세요.'라고 글을 씁니다.

〈그림 2-35〉 글상자에 코딩

2. 수학 퀴즈를 만들어요 1

프로그램을 실행해 볼까요? 그러면 그림 2-36과 같이 엔트리봇이 쉬지도 않고 계속 물어보게 됩니다.

〈그림 2-36〉 장면 창

그래서 그림 2-37처럼 1초 기다리기를 넣어야 합니다.

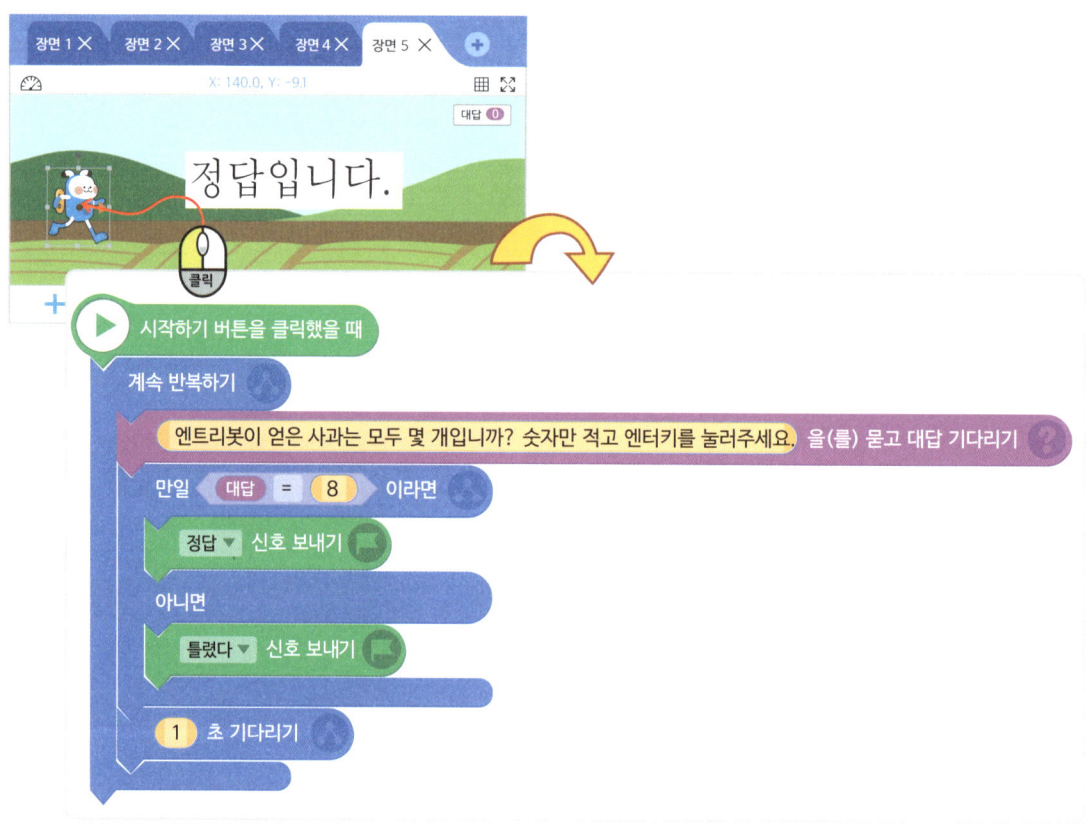

〈그림 2-37〉 기다리기

정답이 아니면 장면 창이 그림 2-38처럼 되고

〈그림 2-38〉 장면 창

정답이면 그림 2-39처럼 됩니다.

〈그림 2-39〉 장면 창

확인을 다 하고 그림 2-40처럼 〈장면이 시작되었을 때〉로 명령어를 바꿔줍니다.

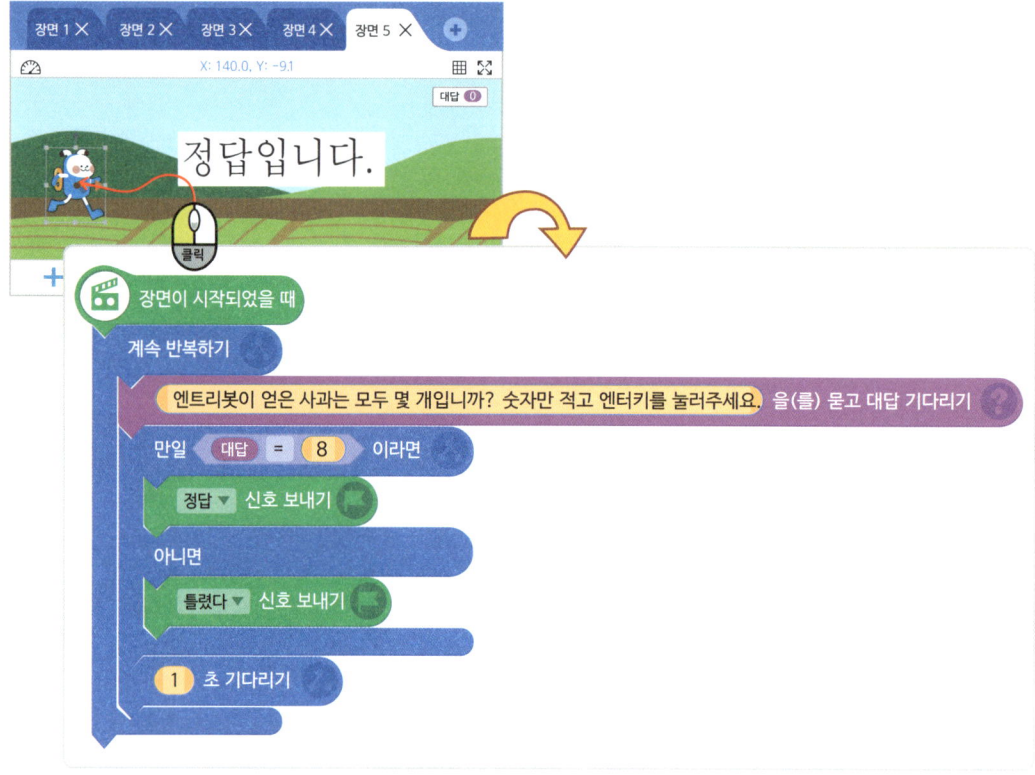

〈그림 2-40〉 〈장면이 시작되었을 때〉로 명령어 바꾸기

계속 같은 문제를 풀 수 없겠죠? 〈정답〉 신호를 받으면 더 이상 문제를 내지 않도록 코딩 해야 합니다. 그림 2-41처럼 〈정답〉 신호를 받았을 때 모든 코드를 멈추도록 코딩한 것을 바꿔줍니다.

〈그림 2-41〉 모든 코드 멈추기

완성된 코딩 정리

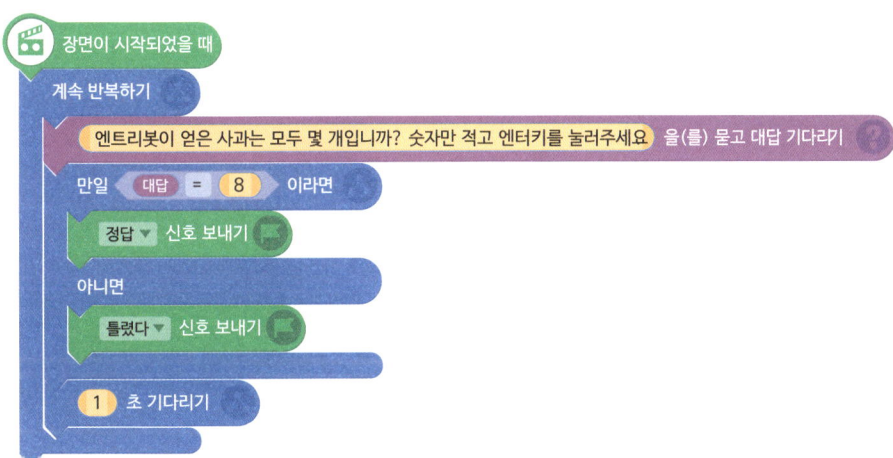

글상자

2. 수학 퀴즈를 만들어요 1

배운 내용을 정리해요.

엔트리봇이 얼마나 움직일지 묻는 프로그램을 만들어 보고 싶습니다.

1이라고 대답하면 왼쪽으로 50만큼 움직이고 2라고 대답하면 오른쪽으로 50만큼 움직이도록 만들고 싶습니다. ㄱ와 ㄴ중 바르게 코딩한 것을 골라서 글자에 동그라미 표시를 해주세요.

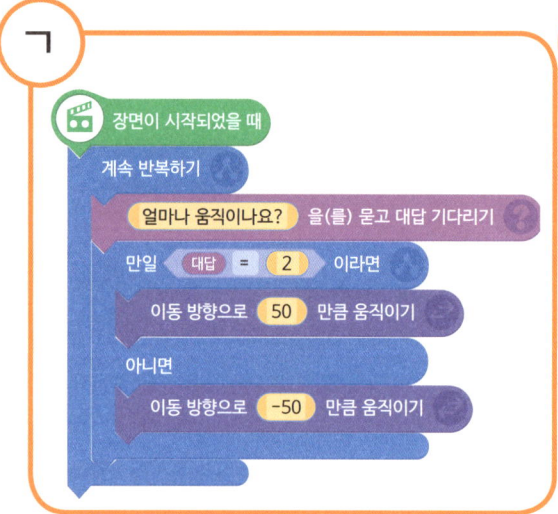

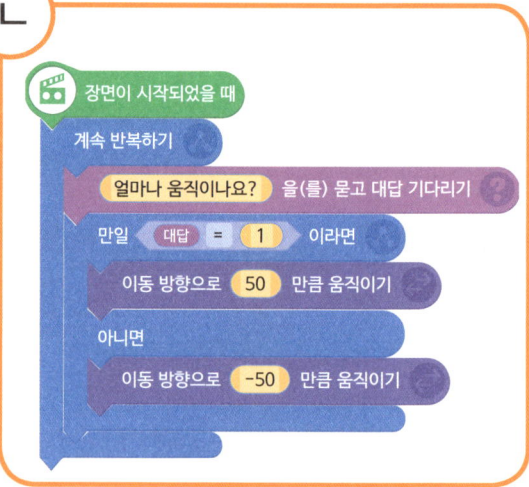

스스로 평가해요.	확인
1 변수를 사용해서 점수를 나타낼 수 있어요.	
2 사과가 순서대로 보이도록 코딩을 할 수 있어요.	
3 〈만약~아니면〉 명령어를 사용하여 코딩할 수 있어요.	
4 〈묻고 대답 기다리기〉 명령어를 사용하여 코딩할 수 있어요.	

답은 토마토북 카페(http://cafe.naver.com/arduinofun)에서 확인할 수 있습니다.

3 수학 퀴즈를 만들어요 2

이번 시간에는 새로운 수학 퀴즈를 만들어 보겠습니다.

좀비가 문제를 냅니다. 문제를 맞히면 좀비가 가만히 있지만, 문제를 못 맞히면 앞으로 조금씩 움직입니다. 그러다가 좀비에게 잡히면 퀴즈가 끝나는 것이죠.

엔트리로 코딩할 때 중요한 규칙을 하나 더 정리해봅시다.

한 번에 한 가지 문제만 생각한다.

두 가지를 동시에 생각하려면 문제가 복잡해 보이고, 머리도 아픕니다. 한 번에 한 가지 문제만 생각해서 문제를 해결하는 것이 매우 중요합니다.

한 번에 한 가지 문제만 생각하면서 코딩을 해봅시다.

〈문제내는 장면〉을 만들고 '엔트리봇'과 '좀비(1)'을 넣습니다.

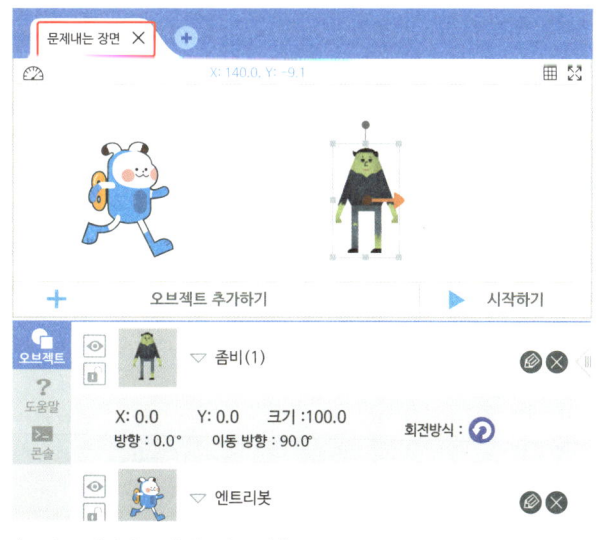

〈그림 3-1〉 '엔트리봇'과 '좀비(1)' 넣기

'좀비(1)'를 클릭하면 가운데 갈색 점과 주황색 화살표를 볼 수 있습니다. 갈색 점은 오브젝트의 중심을 나타냅니다. 주황색 화살표는 이동하는 방향을 나타냅니다.

그림 3-2에서 좀비(1)는 오른쪽으로 이동하게 됩니다.

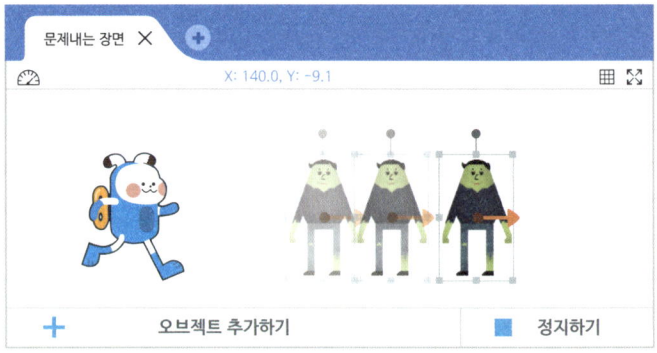

〈그림 3-2〉 이동 방향

그림 3-3처럼 마우스로 드래그해서 좀비(1)의 이동하는 방향을 바꿀 수 있습니다.

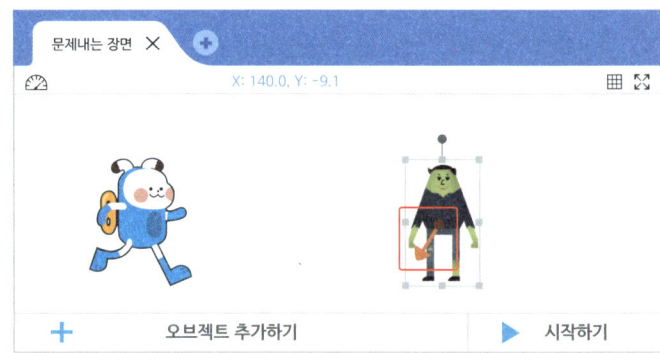

〈그림 3-3〉 이동방향 바꾸기

이동방향을 바꾸고 그림 3-4와 같이 코딩을 하면

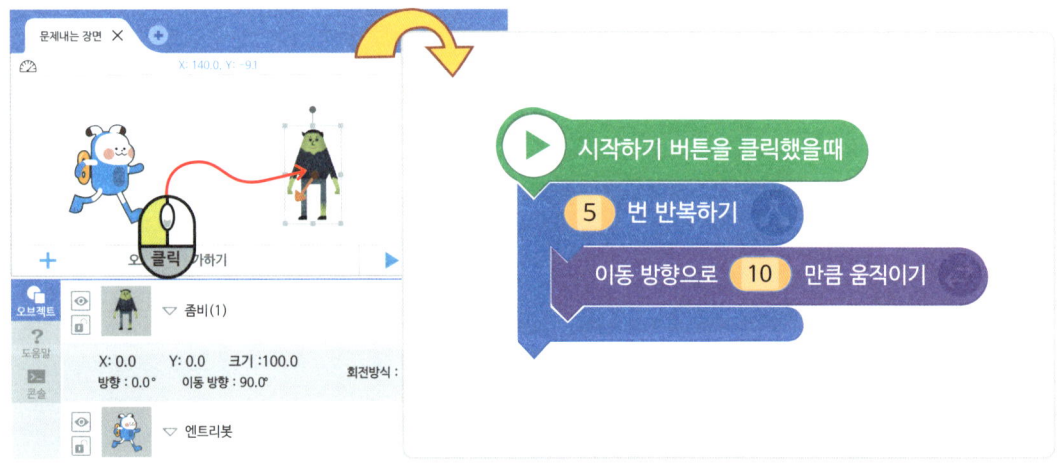

〈그림 3-4〉 좀비(1)에 코딩

'좀비(1)'이 왼쪽 아래쪽으로 움직입니다. 즉, 주황색 화살표 방향으로 움직이는 겁니다.

〈그림 3-5〉 주황색 화살표 방향으로 이동

그리고 좀비를 하나 더 넣습니다. 이 좀비는 이름을 '수학문제 내는 좀비'로 바꿉니다.

〈그림 3-6〉 좀비 하나 더 넣기

3. 수학 퀴즈를 만들어요 2

그럼 문제를 내볼까요?

엔트리봇이 〈문제 내기〉 신호를 보내면 '수학문제 내는 좀비'가 문제를 내도록 코딩을 해보겠습니다.

엔트리봇을 클릭하고 〈속성〉-〈신호〉-〈신호 추가〉를 순서대로 클릭해서 〈문제1 내기〉 신호를 만듭니다.

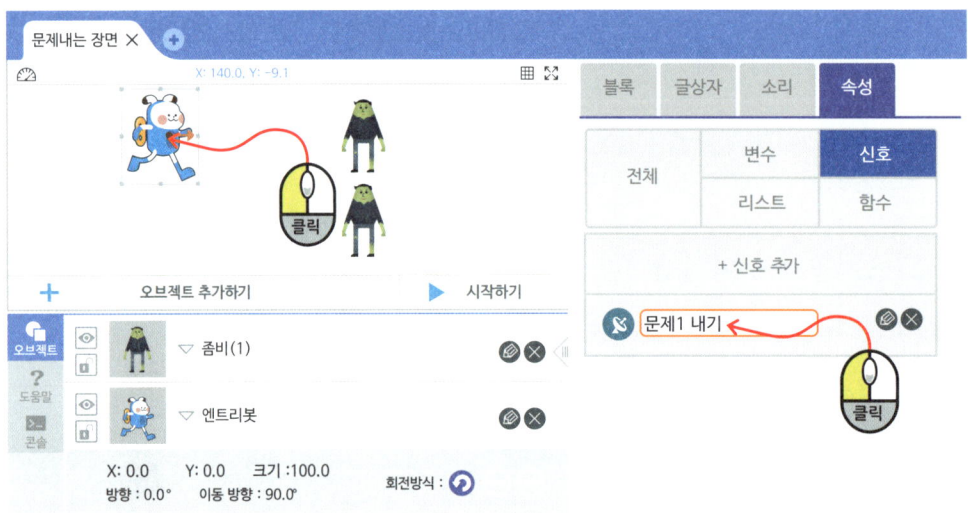

〈그림 3-7〉〈문제1 내기〉 신호 만들기

엔트리봇이 '수학문제 내는 좀비'에게 〈문제1 내기〉 신호를 보냅니다.

〈그림 3-8〉〈문제1 내기〉 신호 보내기

'수학문제 내는 좀비'는 신호를 받으면 그림 3-9와 같은 문제를 냅니다.

〈그림 3-9〉 '수학문제 내는 좀비'에 코딩

1 더하기 6은 얼마죠? 바로 7입니다.

만약 [대답]이 7이면 정답을 맞힌 것입니다. 그러면 다른 문제를 냅니다.

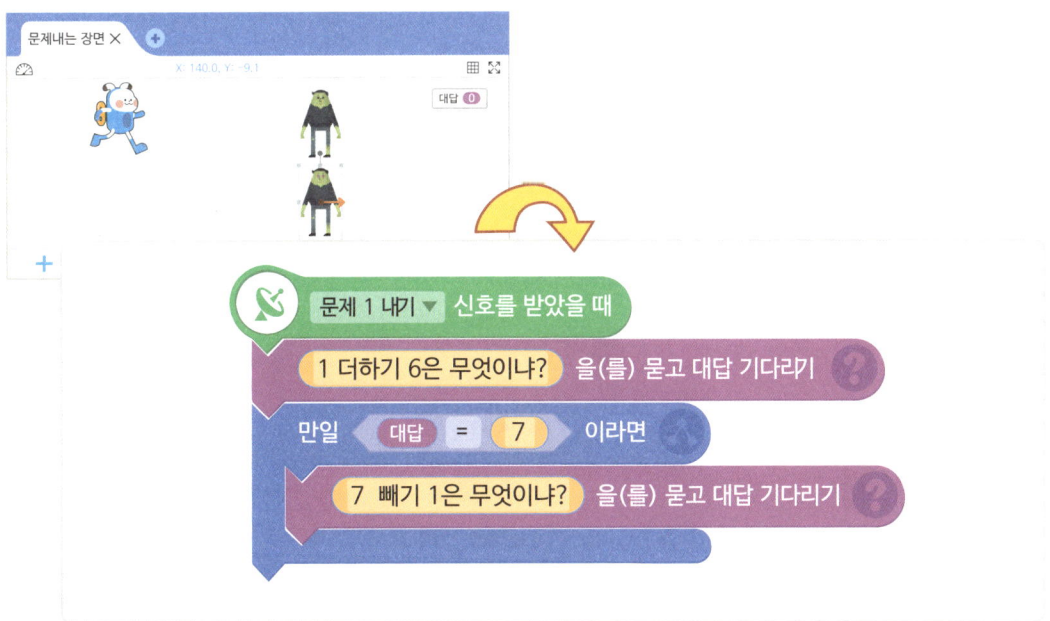

〈그림 3-10〉〈문제1 내기〉 신호 받았을 때

3. 수학 퀴즈를 만들어요 2

만약 [대답]이 7이 아니면 어떻게 해야 할까요?

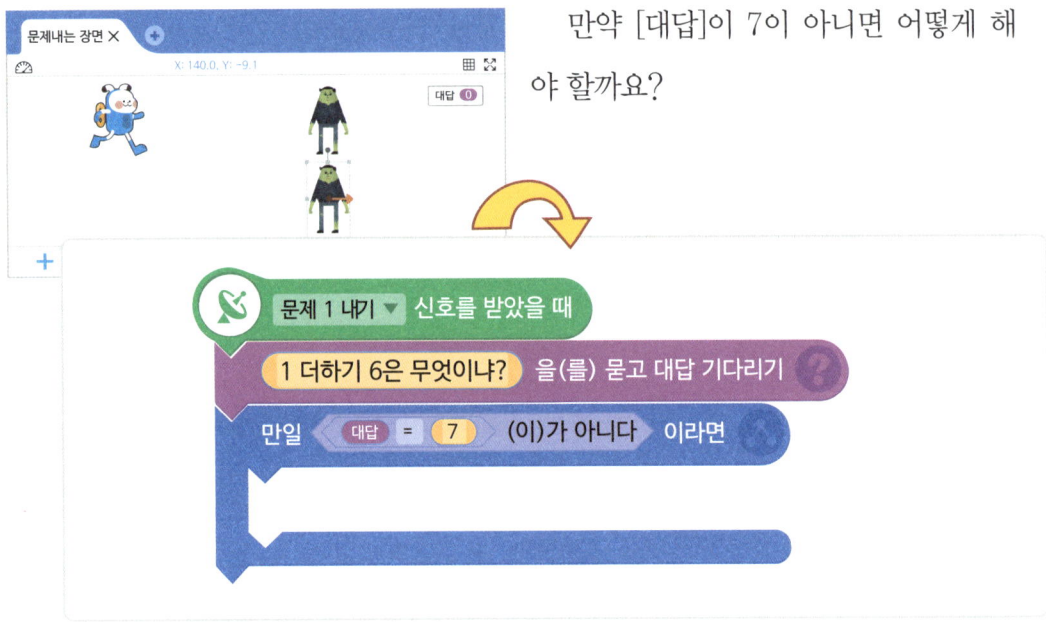

〈그림 3-11〉 〈~(이)가 아니다〉 명령어

문제를 틀렸으니, 다른 좀비가 움직여야 합니다. 틀렸으면 신호를 보내고 다른 좀비는 그 신호를 받으면 움직이는 것이죠.

〈움직여라〉 신호를 만듭니다.

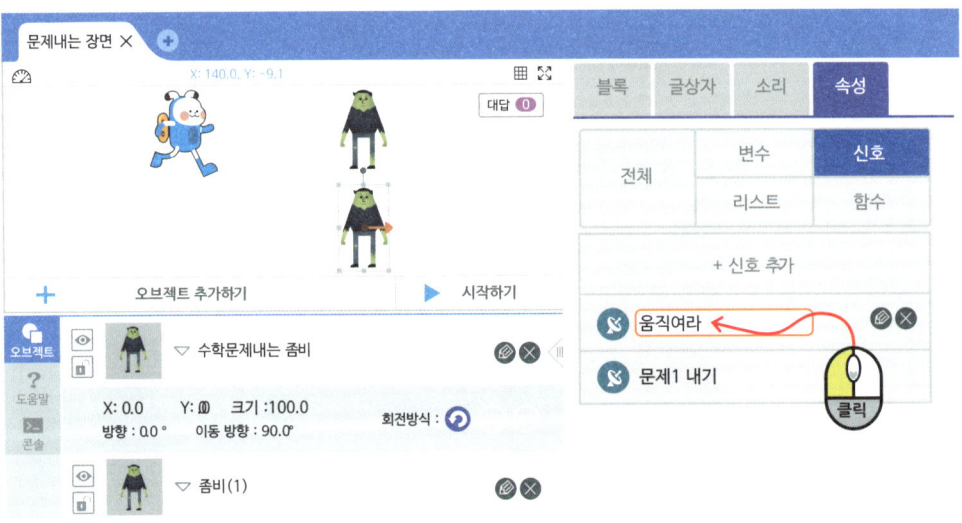

〈그림 3-12〉 〈움직여라〉 신호 만들기

[대답]이 7이 아니면 〈움직여라〉 신호를 보냅니다.

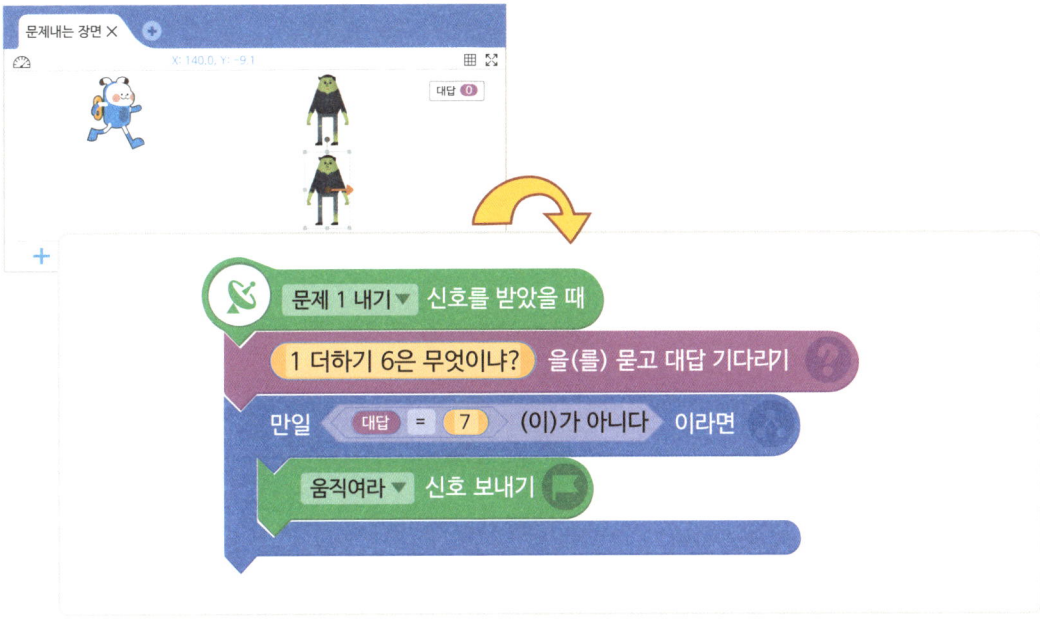

〈그림 3-13〉 신호 보내기

코딩할 때 헷갈리지 않도록 이름을 '움직이는 좀비'로 바꿉니다.

그리고 엔트리봇을 향하여 움직이도록 화살표 방향을 바꿔줍니다.

〈그림 3-14〉 움직이는 좀비

3. 수학 퀴즈를 만들어요 2

그리고 '움직이는 좀비'에 코딩을 합니다.

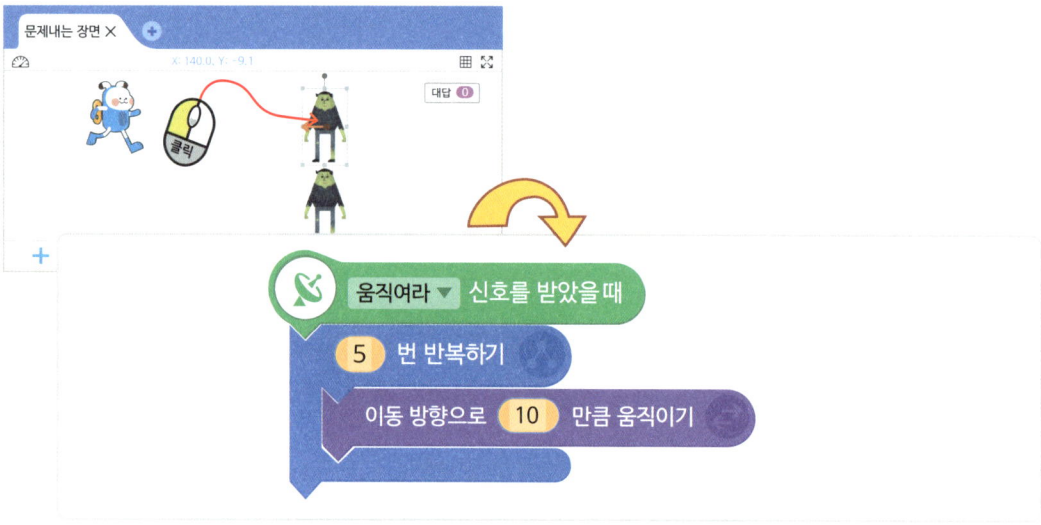

〈그림 3-15〉 '움직이는 좀비'에 코딩

'움직이는 좀비'가 이동합니다.

〈그림 3-16〉 장면 창

〈만약~아니면〉 명령어를 사용해서 코딩합니다. 정답이면 다음 문제를 내고 틀렸으면 신호를 보내는 거죠.

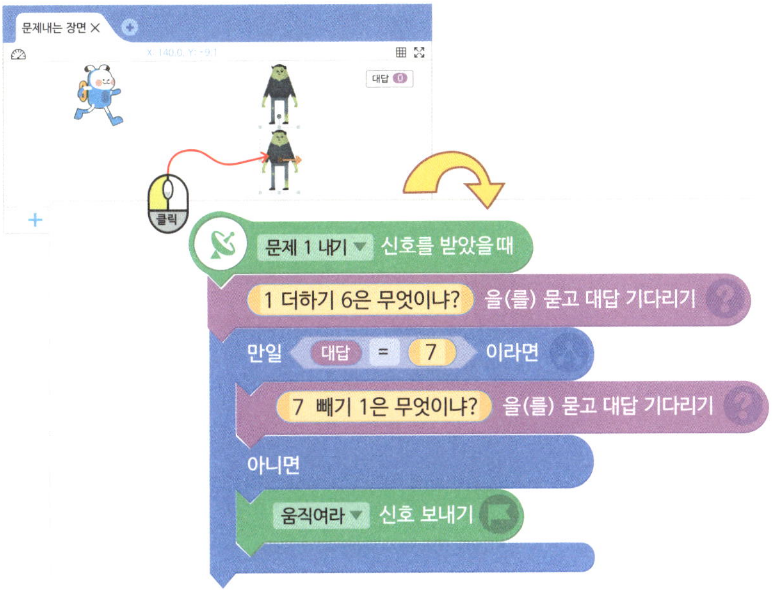

〈그림 3-17〉 '수학문제 내는 좀비'에 코딩

그리고 한 번만 묻고 끝나는 것이 아니니 〈계속 반복하기〉 명령어를 사용합니다.

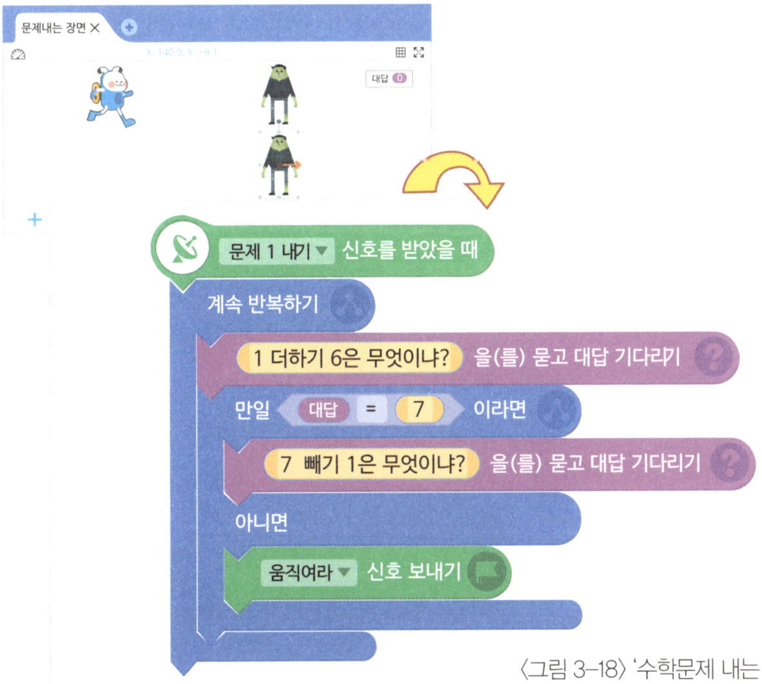

〈그림 3-18〉 '수학문제 내는 좀비'에 코딩

3. 수학 퀴즈를 만들어요 2

이렇게 코딩을 하면 문제를 틀렸을 때 〈움직이는 좀비〉가 앞으로 갑니다. 그러면 문제를 5개 만들려고 하면 어떻게 해야 할까요?

〈만약 ~아니면〉 명령어 안에 〈만약 ~아니면〉 명령어를 계속 연결해야 할까요?

신호를 사용하면 아주 쉽게 문제를 해결할 수 있습니다. 문제를 맞히면 또 신호를 보내서 다른 문제를 내는 것입니다.

항상 코딩을 할 때는 문제를 나눠서 생각하는 것이 중요합니다. 코딩을 할 때 뭐가 문제인지 확인하고 차근차근 나눠서 생각하면 어려운 문제도 쉽게 풀 수 있습니다.

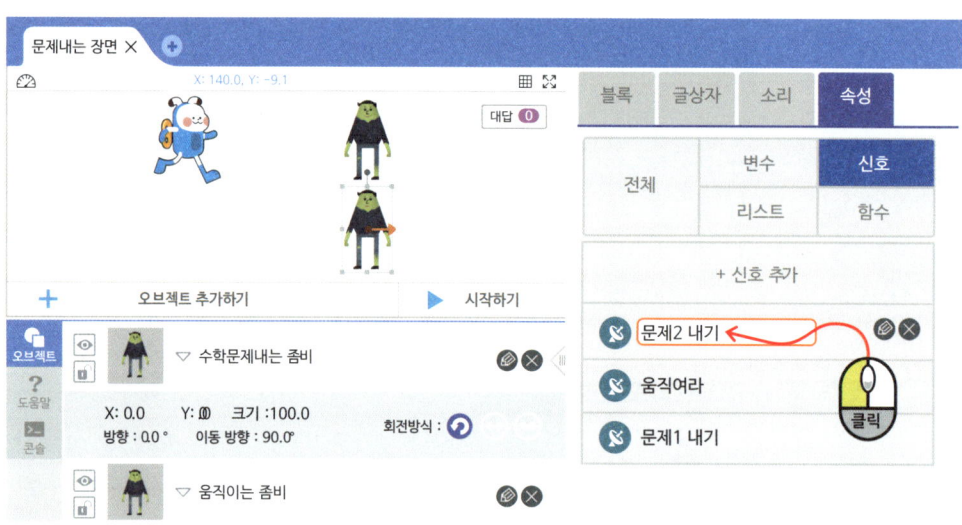

〈그림 3-19〉 〈문제2 내기〉 신호 만들기

그림 3-20과 같이 〈문제1〉에서 정답을 맞히면 〈문제2 내기〉 신호를 보내는 것이죠.

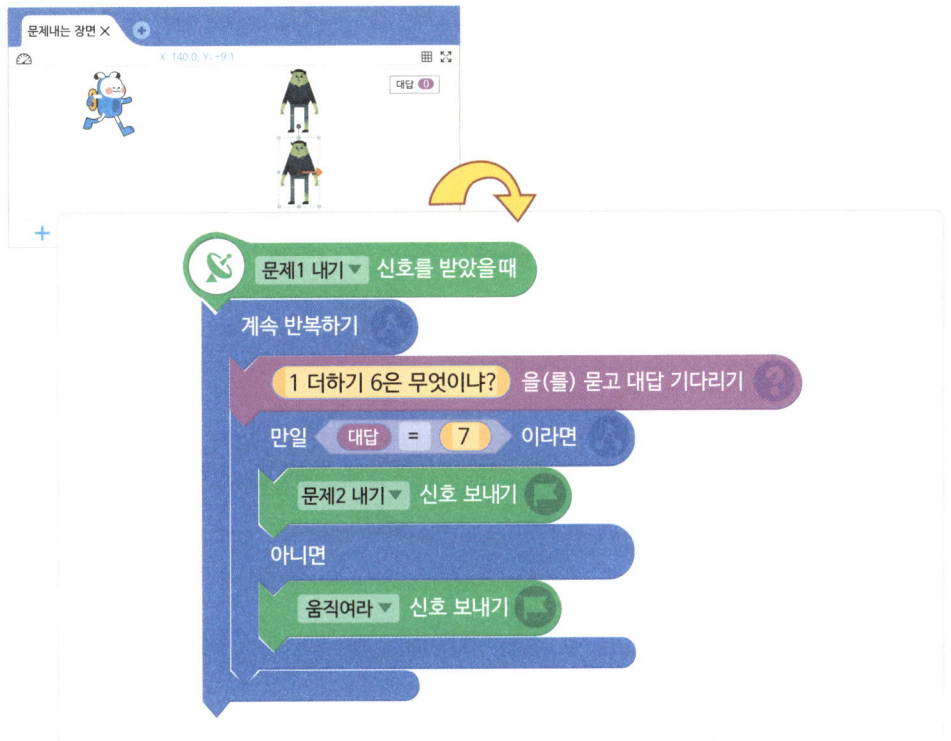

〈그림 3-20〉 '수학문제 내는 좀비'에 코딩

그리고 문제를 다 풀었다는 것을 알려주기 위해서 〈문제 끝〉이라는 신호도 만듭니다.

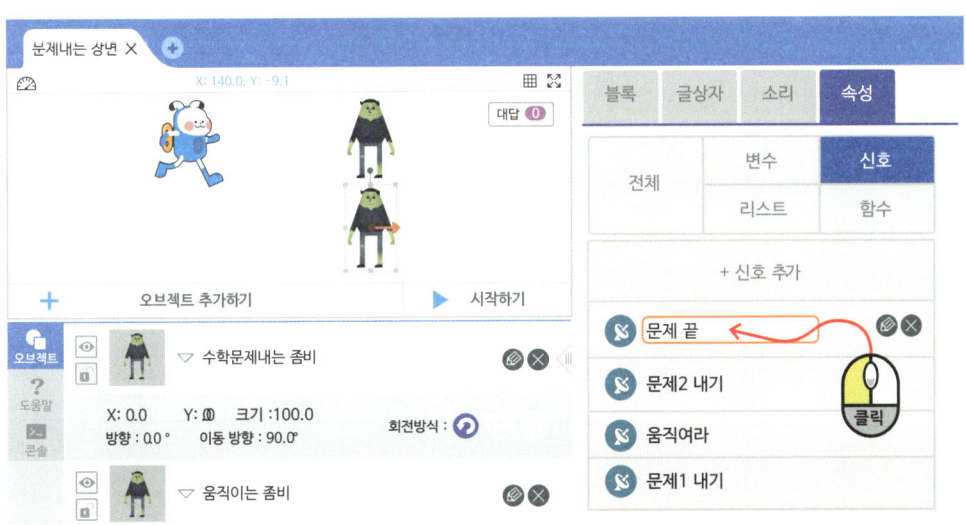

〈그림 3-21〉 〈문제 끝〉 신호 만들기

3. 수학 퀴즈를 만들어요 2

문제를 2개만 내고 프로그램을 끝내려고 한다면 그림 3-22처럼 코딩을 하면 됩니다.

〈그림 3-22〉 '수학문제 내는 좀비'에 코딩

하지만 이렇게 코딩을 하면 문제2를 맞추면 문제1을 다시 물어보게 됩니다.

〈계속 반복하기〉 명령어 때문에 문제를 계속 묻는 것이죠.

〈그림 3-23〉 계속 문제를 물어보는 좀비

어떻게 하면 될까요?

엔트리를 공부할 때 가장 좋은 방법은 하나씩 해보는 겁니다.

이것저것 명령어를 넣다 보면 자연스럽게 이해가 됩니다. 흐름 블록 꾸러미 를 보면 〈모든 코드 멈추기〉 명령어 블록이 있습니다.

이것을 사용하면 뭔가 될 것 같다는 생각을 하는 것이 중요합니다.

〈그림 3-24〉 모든 코드 멈추기

그림 3-25처럼 〈모든 코드 멈추기〉를 〈이 코드 멈추기〉로 바꿉니다.

여기서 〈코드〉는 연결된 모든 명령어를 말합니다. 즉, 〈〈문제1 내기〉 신호를 받았을 때〉 명령어 블록 아래에 연결된 모든 명령어가 〈이 코드〉인 것입니다. 그래서 문제를 맞히면 더 이상 〈문제1〉을 묻지 않습니다.

〈그림 3-25〉 명령어 바꾸기

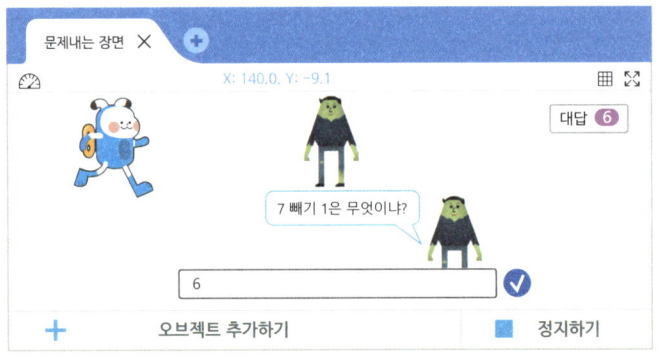

〈그림 3-26〉 장면 창

두 번째 문제가 마지막이라고 한다면, 문제를 맞힐 때 다른 장면으로 바뀌면 됩니다. 그림 3-27과 같이 하면 다음 장면으로 바뀝니다.

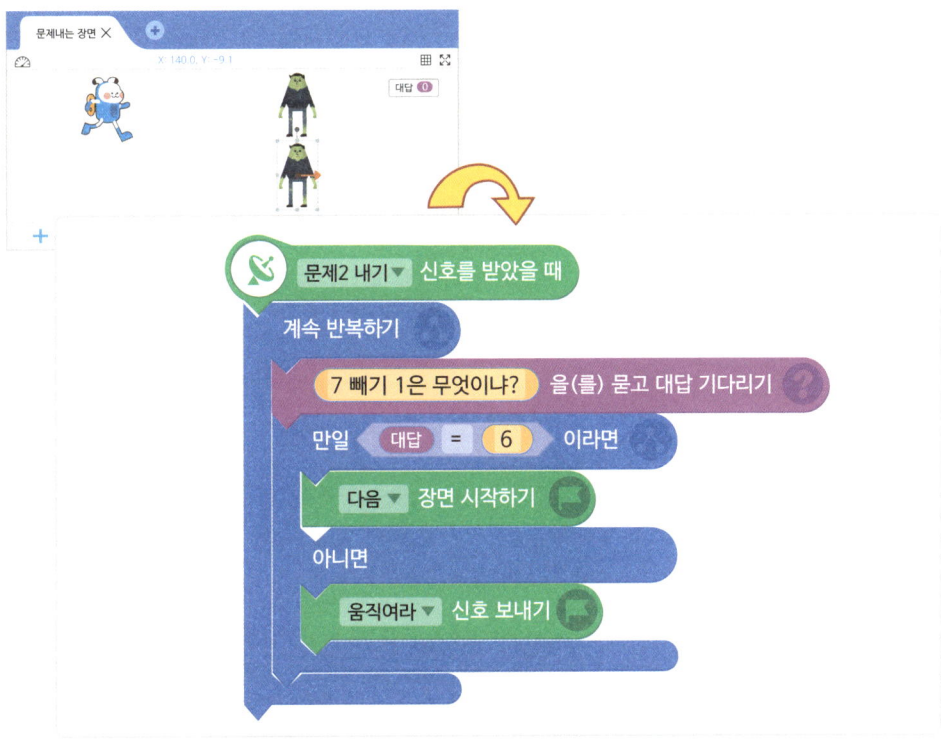

〈그림 3-27〉 다음 장면 시작하기

문제를 다 맞혔을 때 바뀌는 장면을 하나 만들고 엔트리봇을 가져옵니다.

장면 이름은 '문제를 맞혔다'로 바꿉니다.

〈그림 3-28〉 〈문제를 맞혔다〉 장면 만들기

3. 수학 퀴즈를 만들어요 2

그리고 엔트리봇에 코딩을 합니다.

장면이 바뀌면 [대답] 변수를 숨기고 '문제를 다 맞췄습니다.'라고 말합니다.

〈그림 3-29〉 말하기

잘 되는지 확인을 해보고

〈그림 3-30〉 장면 창

〈장면이 시작되었을 때〉로 명령어를 바꿔줍니다.

〈그림 3-31〉 〈장면이 시작되었을 때〉로 명령어 바꾸기

    코딩을 할 때 한 번에 한 가지 문제만 생각해서 잘 되는지 계속 확인하는 것이 중요합니다. 문제가 생기면 그 한 문제만 생각하면 되니, 코딩하기가 편합니다.
    이렇게 어디에 문제가 생겼는지 확인하는 것을 '디버깅(Debugging)'이라고 합니다.
    열심히 코딩을 하고 디버깅 하다보면 여러분의 코딩 실력은 더욱 발전할 것입니다.

 **배운 내용을 정리해요.**

엔트리봇이 마우스를 따라서 움직이도록 하고 싶습니다. 그리고 좀비에 닿으면 더 이상 움직이지 않게 만들고 싶습니다.
〈만일 ~이라면〉 명령어 사이에 넣어야 할 명령어를 보기에서 고르고 그 이유를 쓰세요.

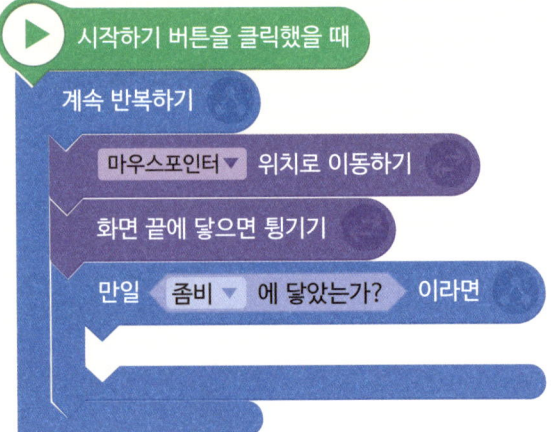

ㄱ. 이▼ 코드 멈추기

ㄴ. 자신의 다른▼ 코드 멈추기

이유

	스스로 평가해요.	확인
1	오브젝트의 이동방향을 바꿀 수 있어요.	
2	퀴즈의 규칙을 잘 이해할 수 있어요.	
3	문제를 나눠서 생각할 수 있어요.	
4	신호를 여러 개 사용해서 코딩할 수 있어요.	

답은 토마토북 카페(http://cafe.naver.com/arduinofun)에서 확인할 수 있습니다.

4 수학 퀴즈를 만들어요 3

'움직이는 좀비'가 실제로 움직이는 것처럼 코딩을 해보겠습니다.

움직이는 좀비의 모양을 보니 3가지 모양이 있습니다. 2번과 3번 모양을 번갈아 가면서 바꾸면 좀비가 움직이는 것처럼 보입니다.

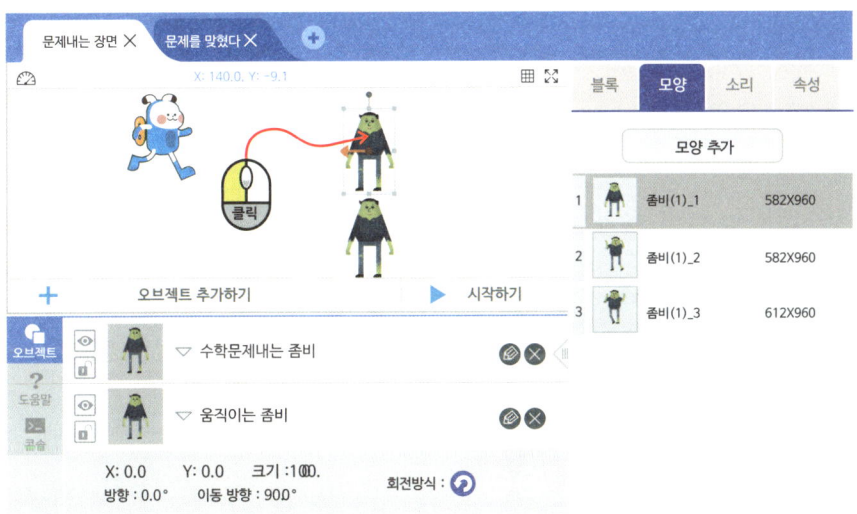

〈그림 4-1〉 좀비 모양

그림 4-2와 같이 세모(▼)를 눌러서 모양을 바꿀 수 있습니다.

코딩 규칙

세모 표시(▼)는 고를 수 있는 것이 여러 개 있다는 뜻이다.

〈그림 4-2〉 좀비 모양 바꾸기

그림 4-3처럼 코딩을 하면 좀비가 움직이는 것처럼 보입니다.

〈그림 4-3〉 좀비 모양 바꾸기

〈그림 4-4〉 장면 창

좀비가 움직이면서 무서운 소리를 내면 더 재미있겠죠? '베어무는 소리2'를 넣습니다.

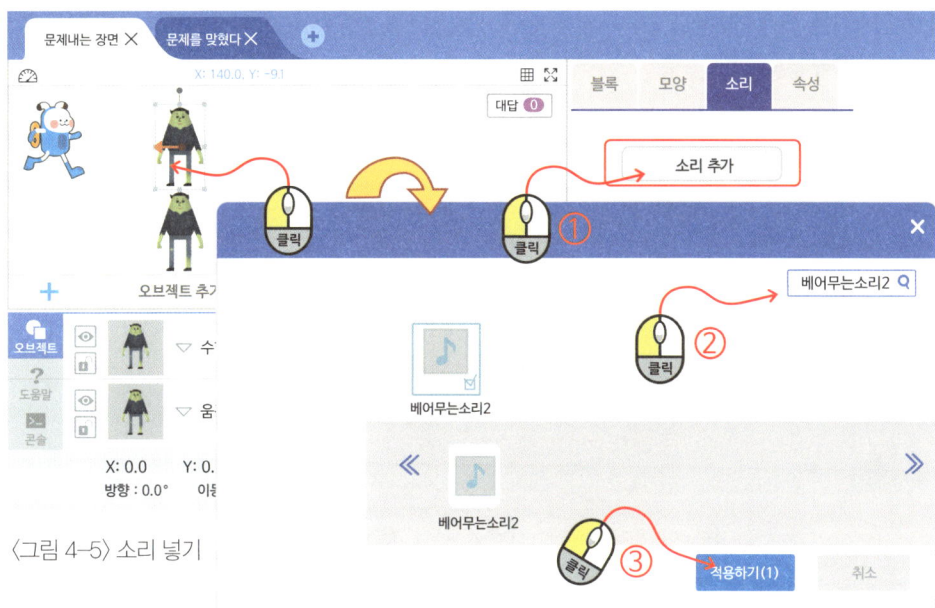

〈그림 4-5〉 소리 넣기

그림 4-6처럼 베어 무는 소리2를 넣고 코딩을 합니다.

〈그림 4-6〉 '움직이는 좀비'에 코딩

4. 수학 퀴즈를 만들어요 3

그리고 문제를 틀렸을 때 소리를 내는 것도 좋겠죠? '수학문제내는 좀비'를 선택하고 남자 비명 소리를 넣습니다.

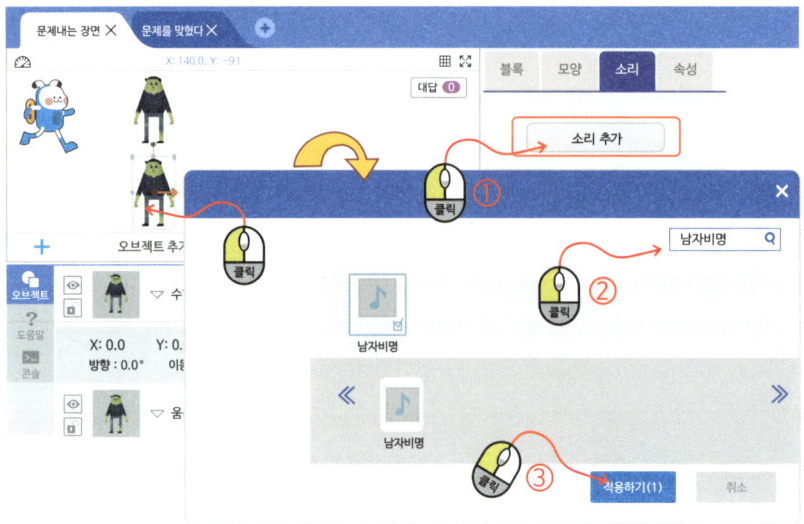

〈그림 4-7〉 소리 선택

그리고 '수학문제내는 좀비'에 그림 4-8 처럼 코딩을 합니다.

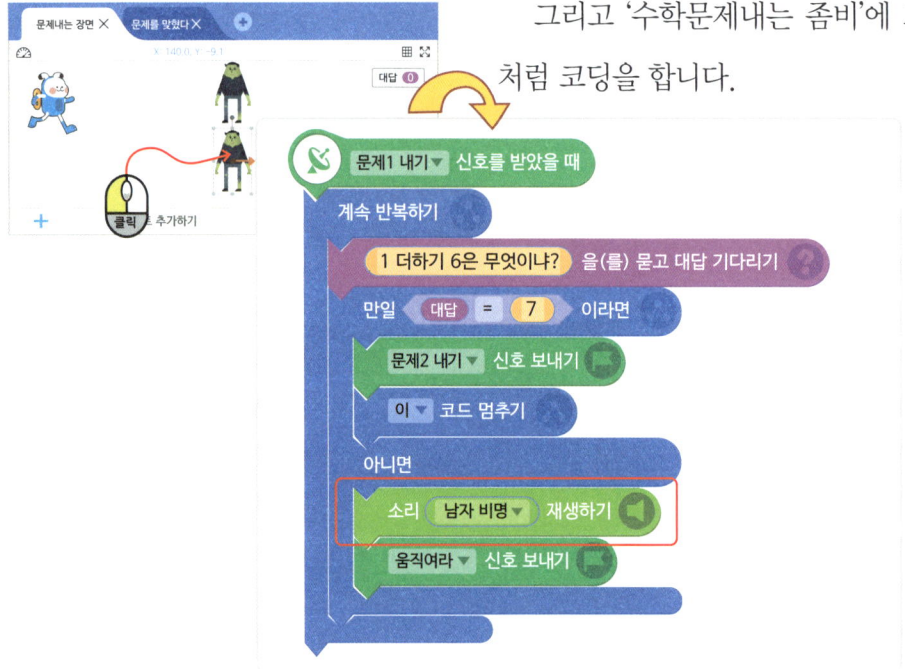

〈그림 4-8〉 남자 비명 넣기

〈문제2 내기〉신호를 받았을 때도 문제를 틀리면 '남자 비명' 소리가 나도록 코딩을 더 해줍니다.

그리고 엔트리봇이 좀비에 잡히면 퀴즈가 끝나도록 코딩을 해보겠습니다.

〈좀비한테 잡혔다〉라는 장면을 만듭니다.

〈그림 4-9〉 장면 만들기

엔트리봇에 그림 4-10처럼 코딩을 합니다.

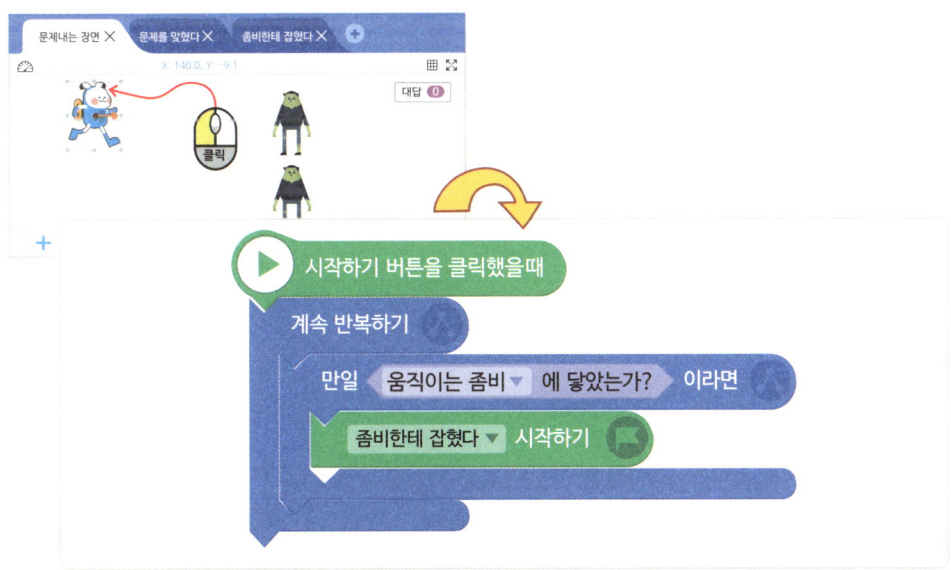

〈그림 4-10〉 〈좀비한테 잡혔다〉 장면 시작하기

4. 수학 퀴즈를 만들어요 3

엔트리봇의 이동방향을 그림 4-11처럼 바꿔줍니다.

〈그림 4-11〉 이동방향 바꾸기

[대답] 변수를 숨기고 이동 방향으로 10만큼 계속 움직이도록 합니다. 그리고 화면 끝에 닿으면 튕기게 합니다.

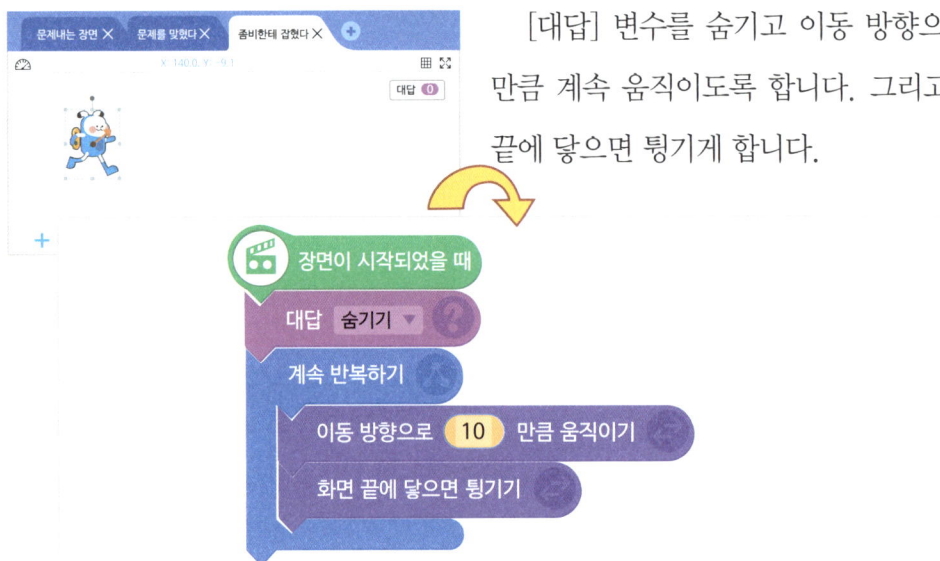

〈그림 4-12〉 화면 끝에 닿으면 튕기기

엔트리봇이 여기저기 움직이면서 튕깁니다.

〈그림 4-13〉 튕기는 엔트리봇

Chapter 2 수학

문제를 다시 풀 수 있도록 버튼을 만들어 봅시다.

그림 4-14와 같이 글상자를 넣고 '다시'라고 이름을 바꿉니다.

이 글상자를 클릭하면 〈문제 내는 장면〉으로 바꿔야 하겠죠? 그림 4-15와 같이 코딩을 합니다.

〈그림 4-14〉 글상자 만들고 이름 바꾸기

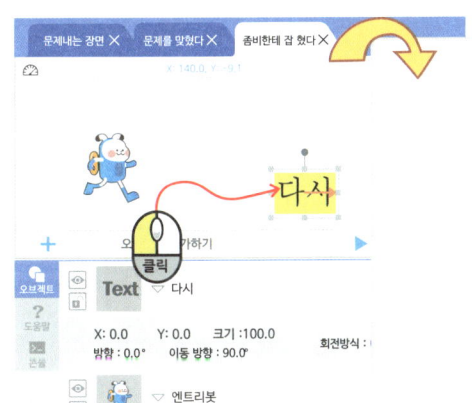

〈그림 4-15〉 〈문제 내는 장면〉 시작하기

처음 장면으로 돌아와 프로그램을 시작해 보겠습니다.

〈그림 4-16〉 처음 장면으로

4. 수학 퀴즈를 만들어요 3

123

문제를 틀려서 〈좀비한테 잡혔다〉 장면으로 바뀌고, 〈다시〉를 클릭해서 〈문제 내는 장면〉으로 바뀌었는데 좀비가 문제를 내지 않습니다.

왜일까요? 바로 엔트리봇이 장면이 시작되었을 때 〈문제1 내기〉 신호를 보내지 않았기 때문입니다. 엔트리봇에 그림 4-17처럼 코딩을 더 해줘서 장면이 새로 시작되었을 때도 문제를 내도록 합니다.

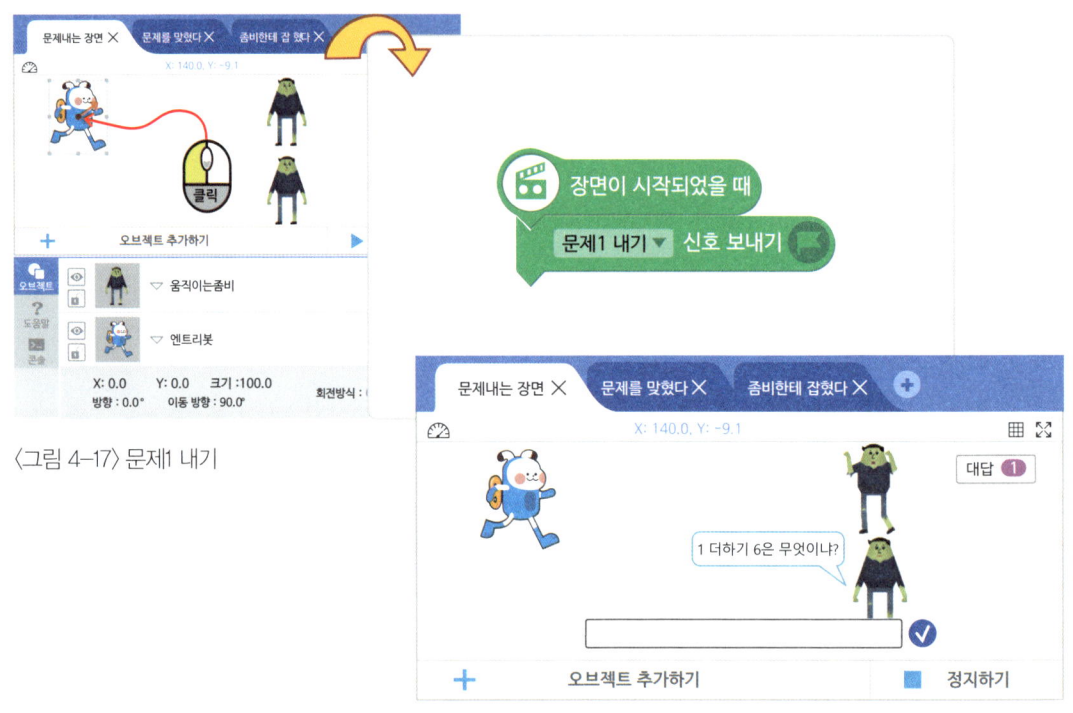

〈그림 4-17〉 문제1 내기

〈그림 4-18〉 장면 창

항상 〈시작하기 버튼을 눌렀을 때〉와 〈장면이 시작되었을 때〉 명령어를 잘 구분해서 사용해야 합니다.

처음부터 시작하는지, 아니면 장면이 바뀌어서 시작되는지 잘 생각하고 코딩을 합시다.

그리고 〈문제 내는 장면〉이 다시 시작되면 [대답] 변수가 다시 보이도록 코딩합니다.

〈그림 4-19〉 [대답] 변수 보이기

〈문제를 맞혔다〉 장면도 더 꾸며봅시다. 엔트리봇도 달리는 것처럼 보이기 위해서 그림 4-20처럼 코딩을 하고 달리는 것처럼 보이는지 확인합니다. 〈시작하기 버튼을 클릭했을 때〉 명령어에 연결해서 확인해보니 달리는 것처럼 보입니다.

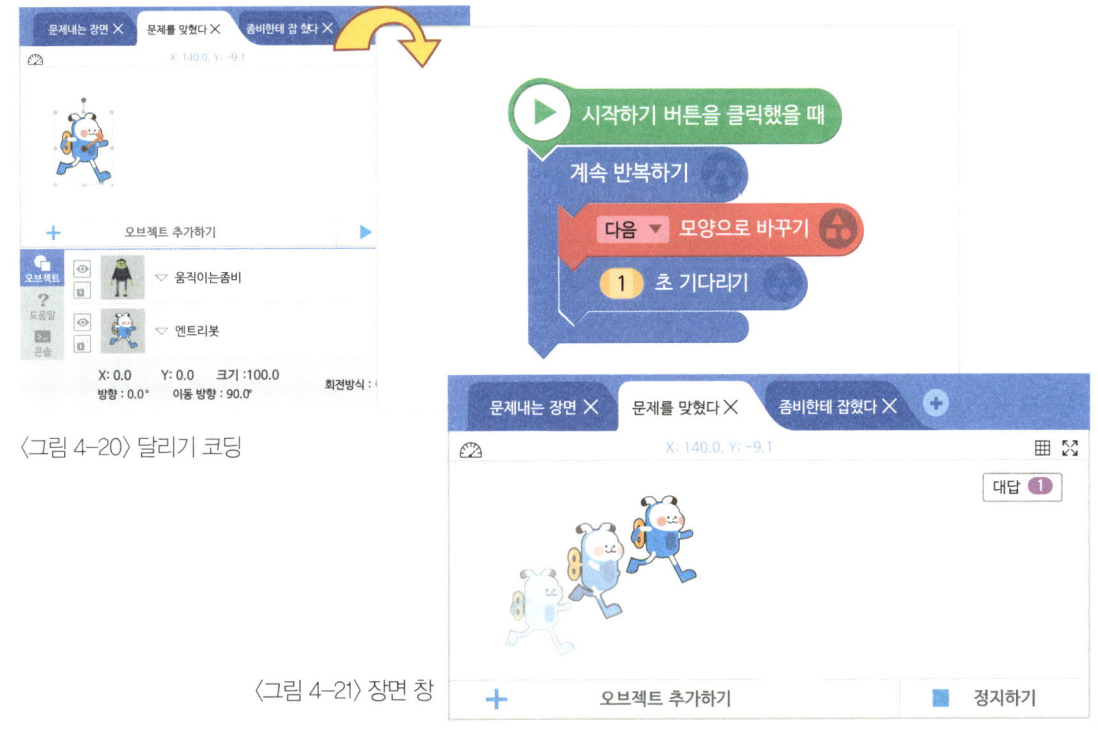

〈그림 4-20〉 달리기 코딩

〈그림 4-21〉 장면 창

4. 수학 퀴즈를 만들어요 3

그리고 〈장면이 시작되었을 때〉 명령어로 바꿔줍니다. 이 부분은 정말 많이 실수하는 부분이라서 반복해서 설명하고 있습니다. 꼭 기억해주세요.

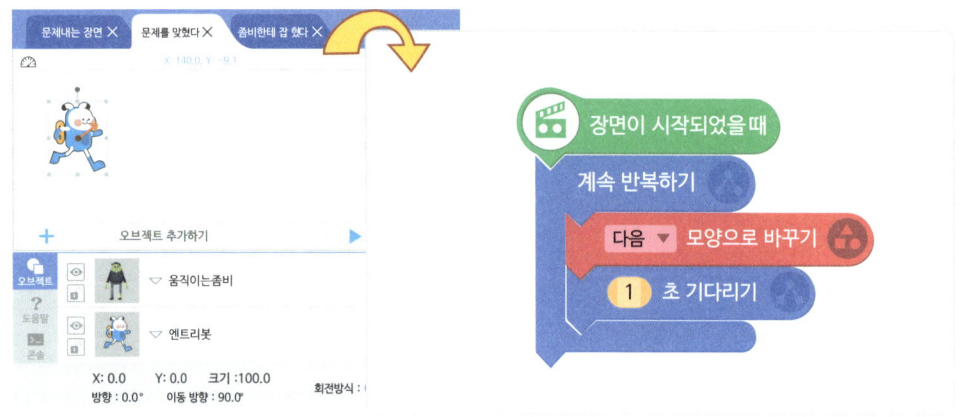

〈그림 4-22〉 달리기 코딩

〈문제를 맞혔다〉 장면은 밝은 느낌을 줘야합니다.

배경을 꽃밭으로 합니다.

〈그림 13-22〉 꽃밭 배경

〈그림 4-23〉 장면 보기

　〈문제 내는 장면〉도 꾸며볼까요? 〈문제 내는 장면〉은 조금 무서운 분위기로 꾸며야 하겠죠?

　〈오브젝트 추가하기〉-〈오브젝트 선택〉-〈검색〉-〈할로윈 마을〉이라고 검색해서 배경을 넣습니다.

〈그림 4-24〉 할로윈 마을 검색

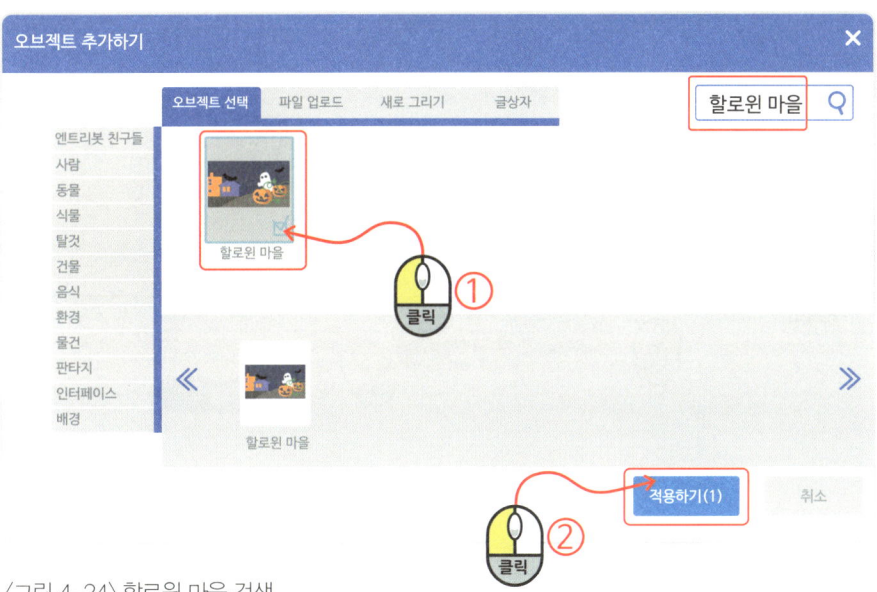

〈그림 4-25〉 배경 넣기

4. 수학 퀴즈를 만들어요 3

'할로윈 마을'을 클릭하고 '거센 바람소리'를 넣습니다.

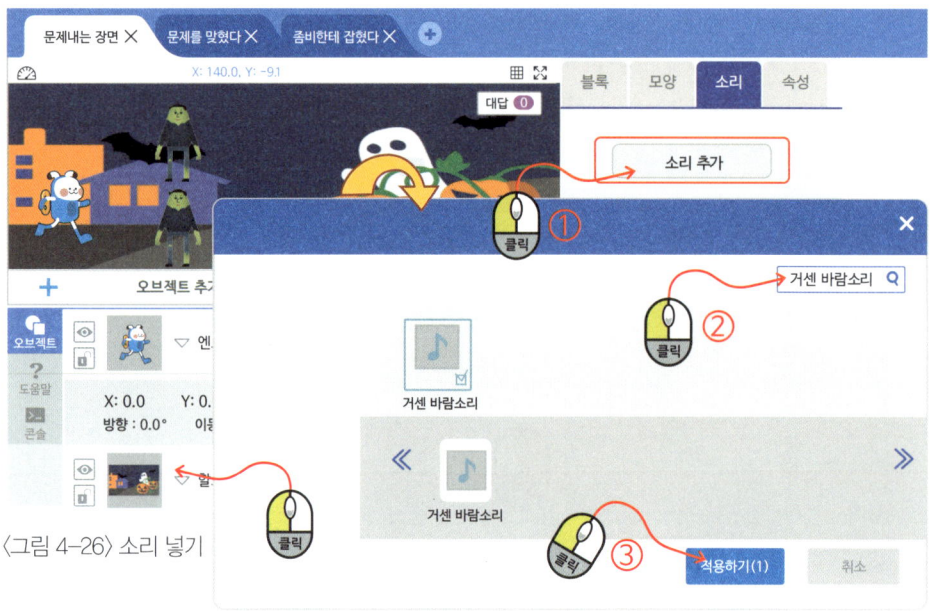

〈그림 4-26〉 소리 넣기

이렇게 배경음악은 배경을 클릭하고 코딩을 하면 나중에 확인하기 편합니다.
그림 4-27처럼 코딩을 하면 이상한 소리가 납니다.

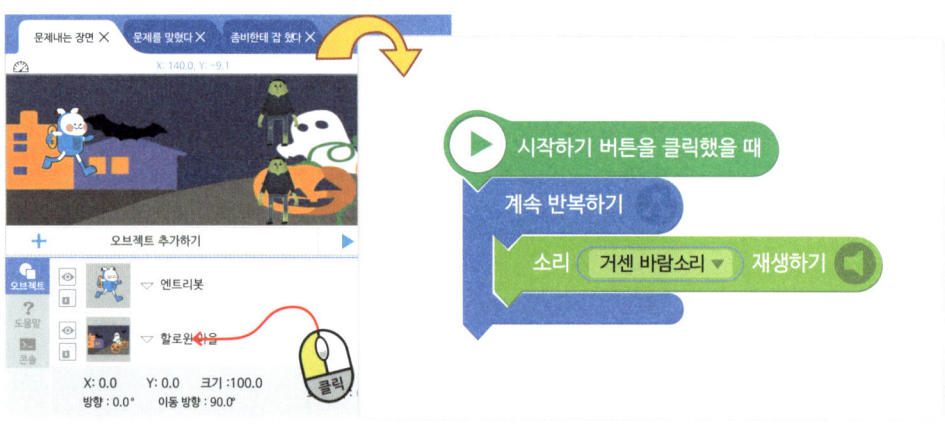

〈그림 4-27〉 재생하기

왜냐하면 소리를 조금만 내고 다시 처음부터 소리를 내는 것을 반복하기 때문이죠. 그림 4-28처럼 코딩을 해야 합니다.

〈그림 4-28〉 재생하고 기다리기

그리고 문제를 다시 풀 때도 배경음악이 나와야 합니다. 〈장면이 시작되었을 때〉 명령어를 사용하여 '거센 바람소리'가 재생 되도록 코딩을 더 해줍니다.

〈그림 4-29〉 코딩 더 해주기

완성된 코딩 정리

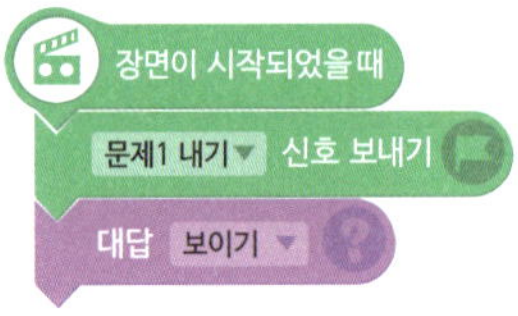

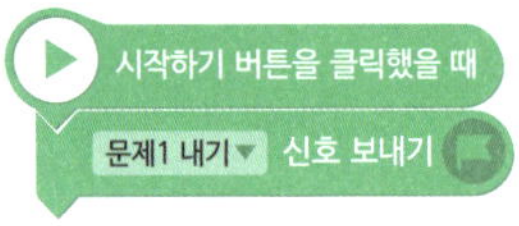

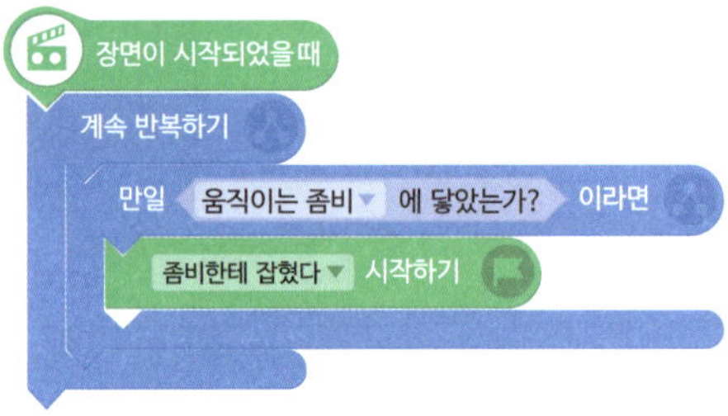

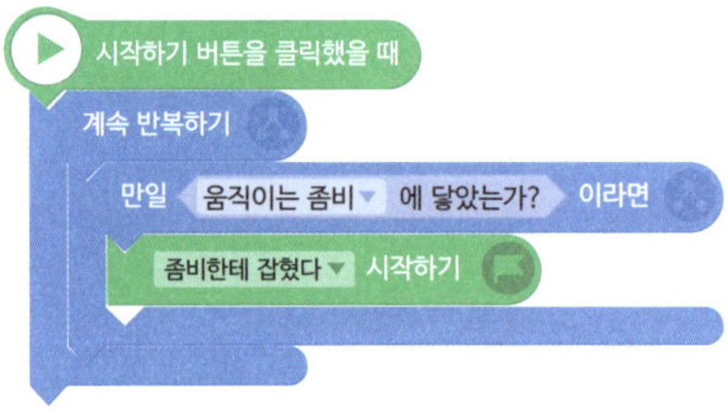

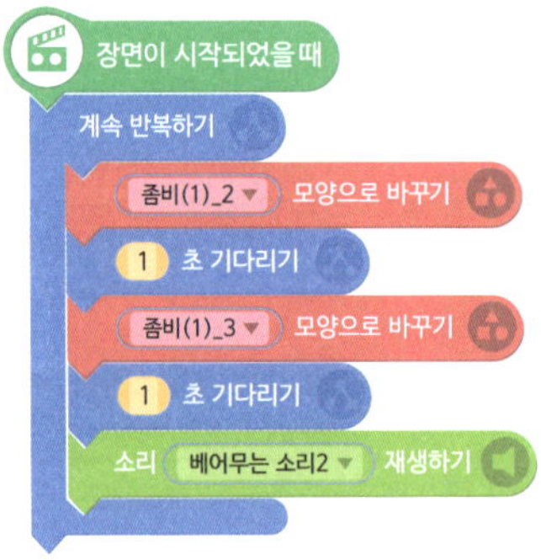

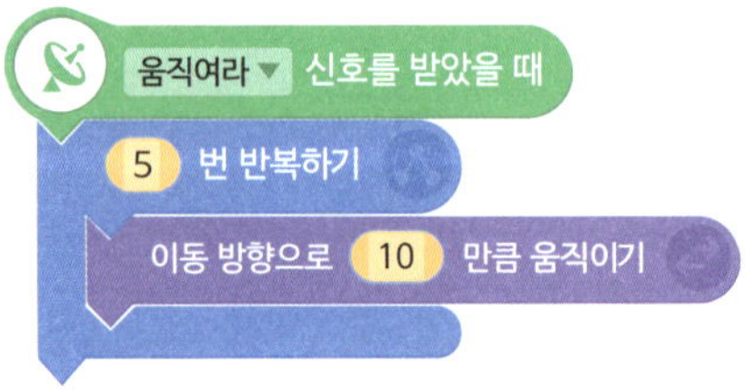

완성된 코딩 정리

수학문제 내는 좀비

- 문제1 내기 신호를 받았을 때
  - 계속 반복하기
    - 1 더하기 6은 무엇이냐? 을(를) 묻고 대답 기다리기
    - 만일 대답 = 7 이라면
      - 문제2 내기 신호 보내기
      - 이 코드 멈추기
    - 아니면
      - 소리 남자 비명 재생하기
      - 움직여라 신호 보내기

- 문제2 내기 신호를 받았을 때
  - 계속 반복하기
    - 7 빼기 1은 무엇이냐? 을(를) 묻고 대답 기다리기
    - 만일 대답 = 6 이라면
      - 다음 장면 시작하기
    - 아니면
      - 소리 남자 비명 재생하기
      - 움직여라 신호 보내기

- 장면이 시작되었을 때
  - 계속 반복하기
    - 소리 거센 바람소리 재생하고 기다리기

- 시작하기 버튼을 클릭했을 때
  - 계속 반복하기
    - 소리 거센 바람소리 재생하고 기다리기

4. 수학 퀴즈를 만들어요 3

〈문제를 맞혔다〉 장면에는 '박수갈채' 소리를 배경음악으로 합니다.

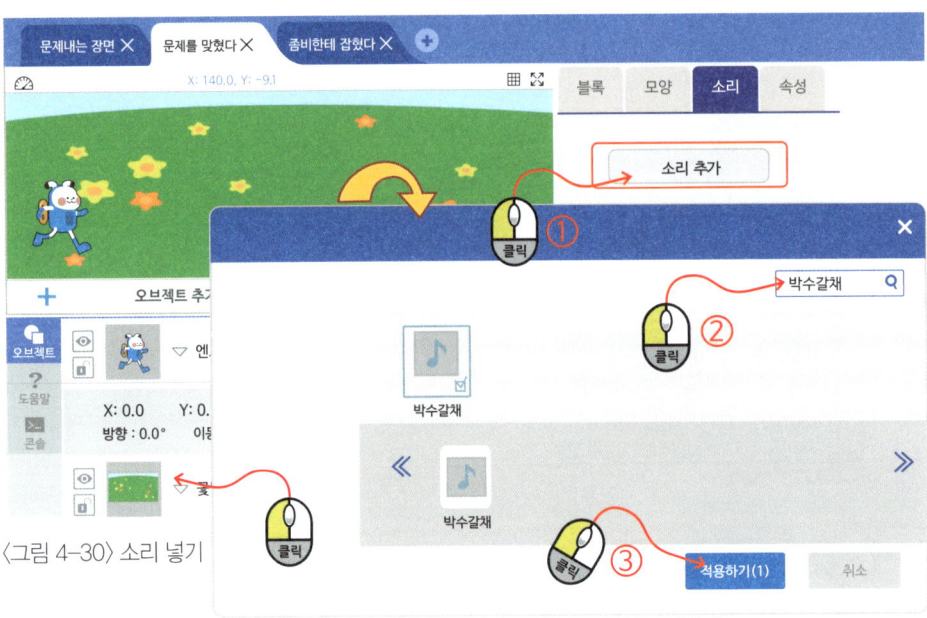

〈그림 4-30〉 소리 넣기

〈시작하기 버튼을 클릭했을 때〉 명령어 사용해서 잘 되는지 확인하고 그림 4-31처럼 코딩을 합니다.

〈그림 4-31〉 재생하고 기다리기

완성된 코딩 정리

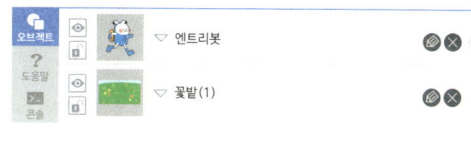

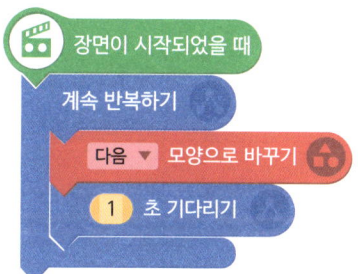

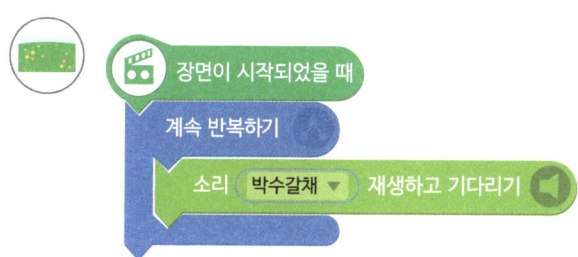

4. 수학 퀴즈를 만들어요 3

〈좀비한테 잡혔다〉 장면은 그림 4-32과 같이 꾸며줍니다.

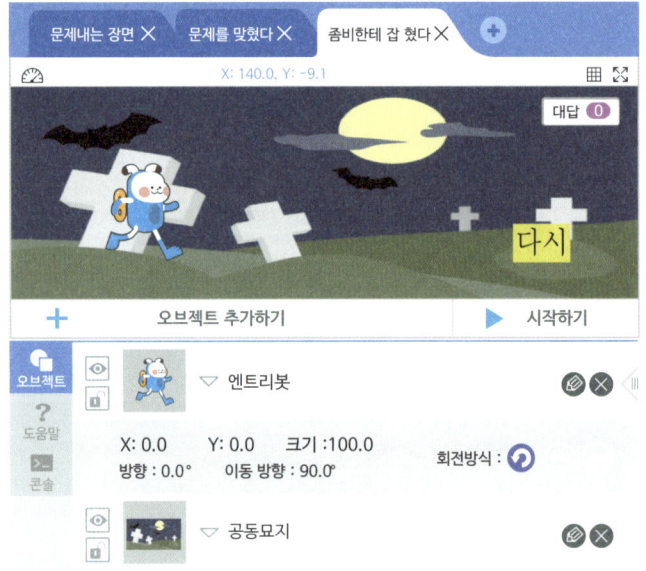

〈그림 4-32〉 장면 꾸미기

이 장면의 배경은 '아기 울음소리1'로 하겠습니다.

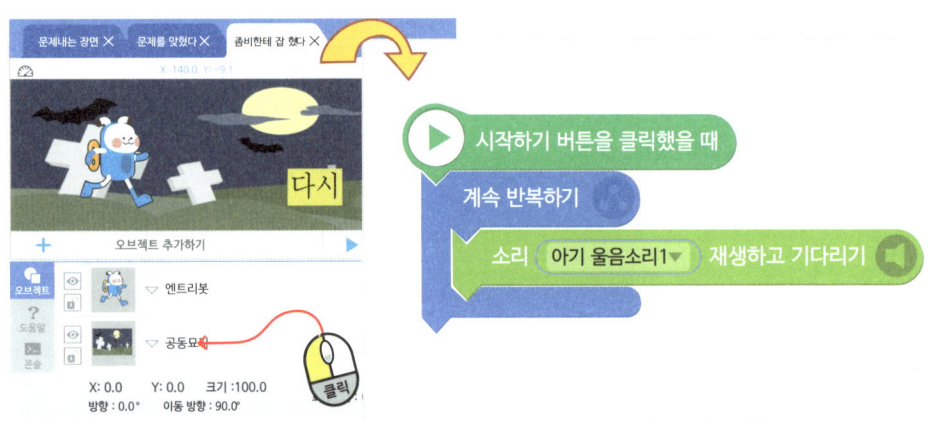

〈그림 4-33〉 소리 내기

잘 되는지 확인하고 〈장면이 시작되었을 때〉로 명령어를 바꿔줍니다.

완성된 코딩 정리

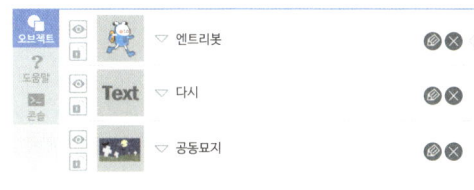

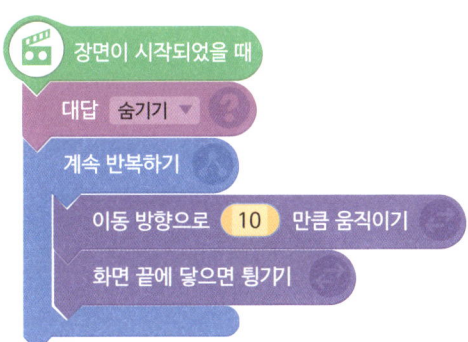

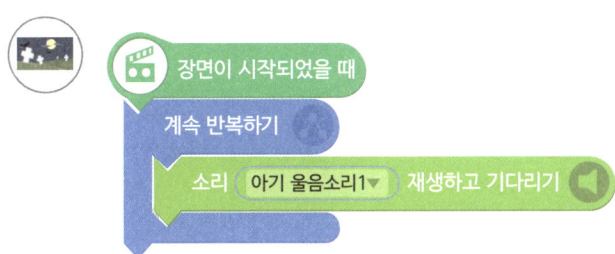

4. 수학 퀴즈를 만들어요 3

이제 문제를 3개 더 만들어 봅시다. 표를 이용해서 문제와 답을 정해봅시다.
이 책에서는 다음 표와 같이 3가지 문제를 더 냈습니다.

문제	1+6	7−1	27−3	6+8	11−4
정답	7	6	24	14	7

답이 맞는지 확인을 해야 합니다. 안 그러면 다른 사람이 문제를 풀다가 이상하다고 생각하겠죠? 답을 확인할 때 수막대를 사용하면 좋습니다.

27에서 3을 빼면 24가 됩니다.

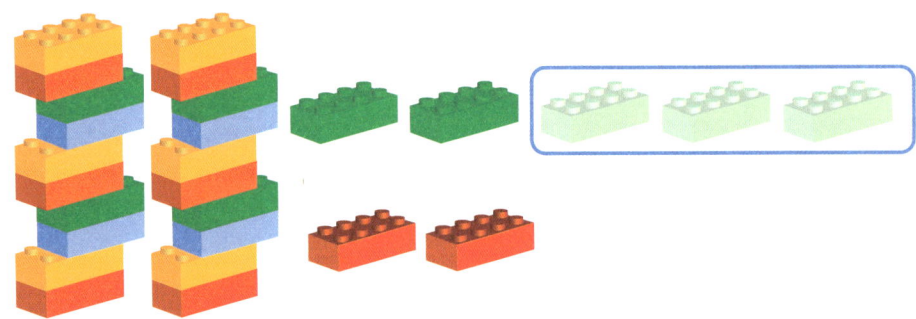

6에서 8을 더하면 14가 되고

$$6 + 8 = \boxed{14}$$

11에서 4를 빼면 7이 됩니다.

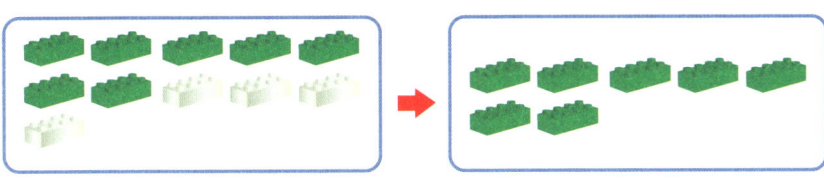

$$11 - 4 = 7$$

신호를 3개 더 만들어서 코딩을 해봅시다.

수학 퀴즈를 만들면서 여러분의 코딩 실력을 더욱 좋아졌습니다. 더 재미있는 수학 퀴즈를 만들어서 여러분의 코딩 실력을 보여주세요.

 **배운 내용을 정리해요.**

다음 보기와 같은 프로그램을 만들려고 아래와 같이 코딩했습니다. <u>잘못된</u> 부분이 어디인지 동그라미로 표시하고 그 이유를 쓰세요.

보기

1. 프로그램이 시작되면 11더하기 7을 묻습니다.
2. 정답을 맞히면 〈문제1 내기〉 신호를 보냅니다. 더 이상 문제를 내지 않습니다.
3. 문제를 틀리면 〈남자 비명〉 소리를 내고 〈움직여라〉 신호를 보냅니다. 그리고 계속 문제를 냅니다.

```
시작하기 버튼을 클릭했을 때
계속 반복하기
  11 더하기 7은 무엇이냐? 을(를) 묻고 대답 기다리기
  만일 대답 = 18 이라면
    소리 남자 비명 재생하기
    움직여라 신호 보내기
  아니면
    문제1 내기 신호 보내기
    이 코드 멈추기
```

이유

	스스로 평가해요.	확인
1	문제를 나눠서 생각할 수 있어요.	
2	배경음악을 넣어서 코딩할 수 있어요.	
3	〈만약~아니면〉 명령어를 사용하여 코딩할 수 있어요.	
4	신호를 여러 개 사용하여 코딩할 수 있어요.	

답은 토마토북 카페(http://cafe.naver.com/arduinofun)에서 확인할 수 있습니다.

Chapter

3

통합교과

1 규칙을 이용해서 무늬를 꾸며요
2 단풍잎 떨어지는 가을
3 무궁화 꽃이 피었습니다 1
4 무궁화 꽃이 피었습니다 2

소프트웨어로 배우는

1 규칙을 이용해서 무늬를 꾸며요

이번 시간에는 엔트리로 예쁜 무늬를 만드는 법을 배워보겠습니다.

두 가지 모양을 번갈아가면서 놓으면 예쁜 무늬를 만들 수 있습니다. '들꽃(노랑)'을 사용해서 코딩을 하겠습니다.

엔트리 프로그램을 실행하고 엔트리봇을 삭제합니다.

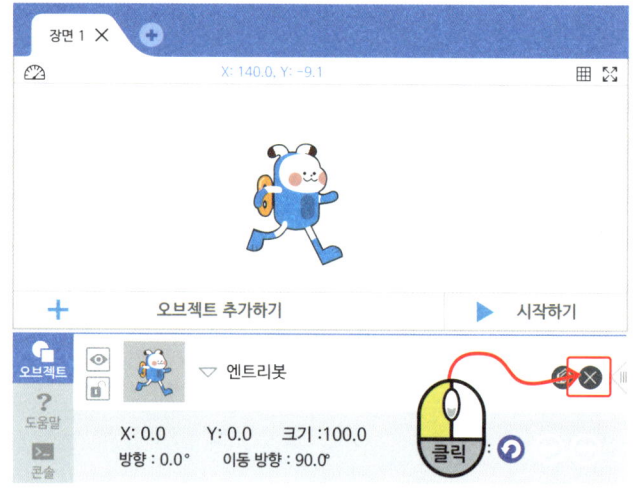

〈그림 1-1〉 '엔트리봇' 삭제

〈오브젝트추가하기〉-〈오브젝트선택〉-〈식물〉-〈꽃〉 안에서 '들꽃(노랑)'을 가져옵니다.

〈그림 1-2〉 장면 창

Chapter 3 통합교과

〈모양〉을 클릭하면 '들꽃(노랑)'의 모양을 볼 수 있습니다.

〈모양 추가〉를 클릭하면 새로운 그림을 사용할 수 있습니다.

〈그림 1-3〉 모양 클릭

〈모양추가〉-〈모양선택〉-〈식물〉-〈꽃〉 안에서 '들꽃(주황)_1'을 가져옵니다.

〈그림 1-4〉 '들꽃(주황)' 넣기

1. 규칙을 이용해서 무늬를 꾸며요

2가지 모양만 사용할 것이기 때문에 '들꽃(노랑)_2' 모양은 삭제합니다. 마우스 오른쪽 버튼을 누르고 〈삭제〉를 클릭합니다.

〈그림 1-5〉 삭제하기

우리가 만들 프로그램 규칙을 정리하겠습니다.

1. 키보드로 모양을 바꾼다.

2. 마우스를 클릭하면 무늬를 찍는다.

〈시작〉 블록 꾸러미 를 보면 그림 1-6과 같은 명령어 블록을 볼 수 있습니다.

우리는 이 명령어를 사용하겠습니다.

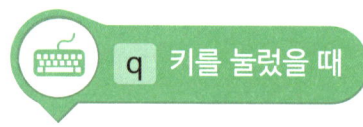

〈그림 1-6〉 q키를 눌렀을 때

빨간색으로 표시된 부분을 클릭하면 키보드 모양이 나옵니다.

〈그림 1-7〉 빨간색 표시 클릭

키보드 모양이 나올 때 원하는 키를 눌러서 명령어를 바꿀 수 있습니다.

키보드를 보면 긴 막대 모양의 키가 있을 겁니다. 이것을 '스페이스(space) 키'라고 합니다.

한 칸 띄어쓰기 할 때 사용합니다. '스페이스(space)'는 '빈 공간'이라는 뜻입니다.

〈그림 1-8〉 스페이스바 누르기

스페이스 키를 눌러보겠습니다. 그러면 명령어가 그림 1-9와 같이 바뀝니다.

 〈그림 1-9〉 스페이스로 바뀐 모양

그림 1-10처럼 코딩을 합니다.

〈그림 1-10〉 모양 바꾸기 코딩

1. 규칙을 이용해서 무늬를 꾸며요

이제 스페이스 키를 누르면 다음 모양으로 모양이 바뀝니다.

이 들꽃은 마우스포인터를 따라서 움직이도록 그림 1-12와 같이 코딩을 합니다.

〈그림 1-11〉 스페이스 키를 눌러서 모양 바꾸기

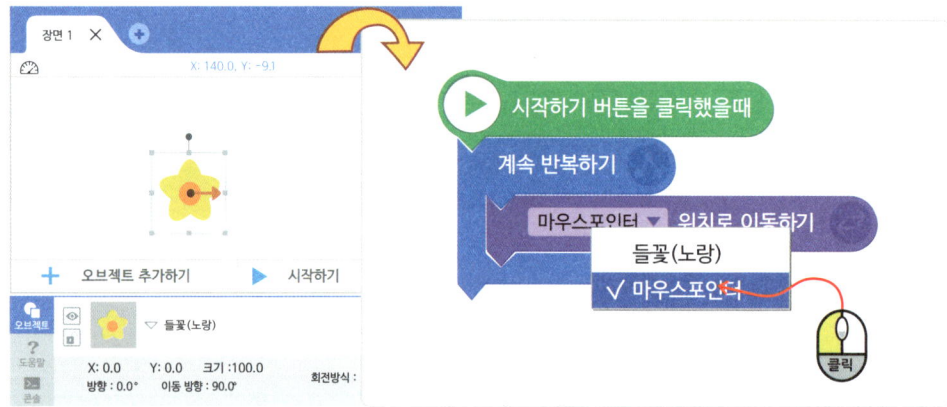

〈그림 1-12〉 마우스 포인터 위치로 이동하기

〈붓〉 블록 꾸러미 를 보면 〈도장찍기〉 명령어 블록이 있습니다. 이 명령어를 사용하면 그 모양 그대로 〈장면 창〉에 복사가 됩니다. 마치 도장을 찍는 것과 같습니다.

〈그림 1-13〉 도장찍기

그림 1-13처럼 코딩을 하고 마우스 왼쪽 버튼을 클릭해봅시다.

〈그림 1-14〉 장면 창

마우스로 움직이고 스페이스 키로 모양을 바꾸면서 클릭하면 도장이 찍혀서 무늬를 만들 수 있습니다.

〈그림 1-15〉 무늬 만들기

어떤 규칙이 보이나요?

오른쪽으로 움직이면서 모양이 바뀌고 있습니다. 그리고 움직일 때마다 도장을 찍습니다.

이 규칙을 생각하면서 코딩을 해봅시다.

들꽃의 이동방향을 오른쪽으로 정합니다. 그리고 그림 1-16처럼 코딩을 합니다.

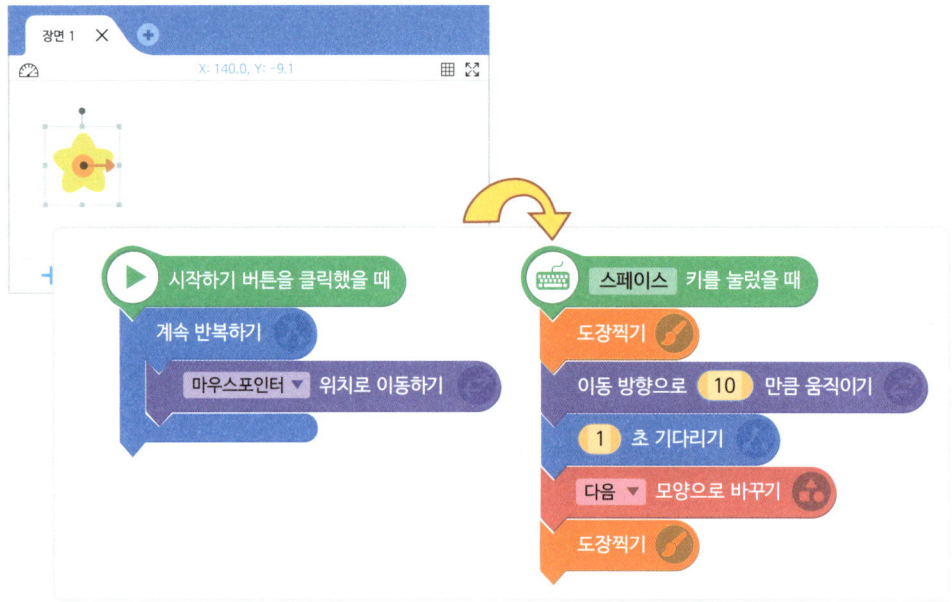

〈그림 1-16〉 들꽃에 코딩

〈시작하기〉 버튼을 눌러 장면을 확인해 봅니다.

〈그림 1-17〉 장면 보기

그런데 이렇게 하면 안 됩니다.

그림 1-16의 코딩에 있는 〈마우스 포인터 위치로 이동하기〉 블록 때문에 들꽃이 계속 마우스 쪽으로 이동하기 때문이죠. 어떻게 하면 될까요?

불을 켜는 스위치 기능을 넣으면 됩니다.

조건을 사용하면 스위치 기능을 만들 수 있습니다.

〈판단〉 블록 꾸러미 에서 `q 키가 눌려져 있는가?` 명령어 블록을 가지고 옵니다.

빨간색으로 표시된 곳을 클릭하면 누르는 키를 고를 수 있습니다.

〈그림 1-18〉 키 바꾸기

그림 1-19가 화살표 키입니다. 이 키를 이용해서 코딩을 하겠습니다.

〈그림 1-19〉 화살표 키

아래쪽 화살표 키를 누르면 그림 1-20과 같이 명령어가 바뀝니다.

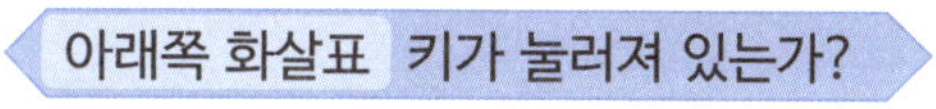

`아래쪽 화살표 키가 눌려져 있는가?`

〈그림 1-20〉 아래쪽 화살표 키

1. 위쪽 화살표키를 눌렀을 때 들꽃이 마우스를 따라서 움직인다.

2. 아래쪽 화살표키를 누르면 들꽃이 마우스를 따라서 움직이지 않는다.

1. 규칙을 이용해서 무늬를 꾸며요

위쪽 화살표 키를 누르면 마우스포인터를 따라가다가

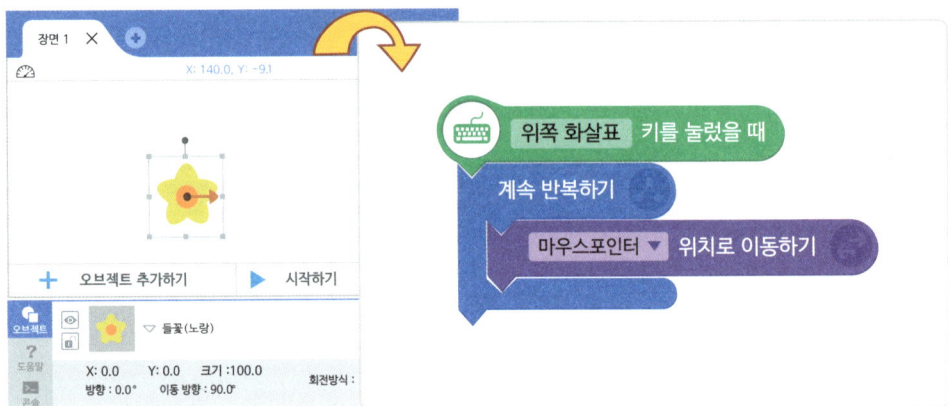

〈그림 1-21〉 마우스포인터 위치로 이동하기

아래쪽 화살표 키를 누르면 〈이 코드를 멈춰서〉 마우스포인터 위치로 움직이지 않도록 합니다.

불을 켜거나 끌 때 사용하는 스위치와 비슷하죠? 이렇게 코딩을 하면 화살표 키는 이제 스위치가 됩니다.

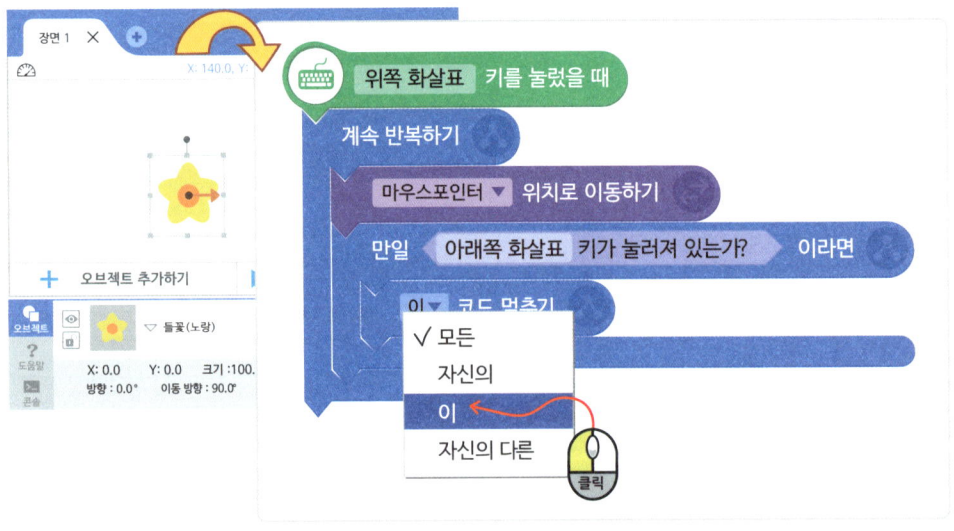

〈그림 1-22〉 이 코드 멈추기

한 번 잘 되는지 확인해볼까요? 너무 작게 움직여서 도장이 겹쳐서 찍힙니다.

〈그림 1-23〉 장면 창

30만큼 움직여 봅시다.

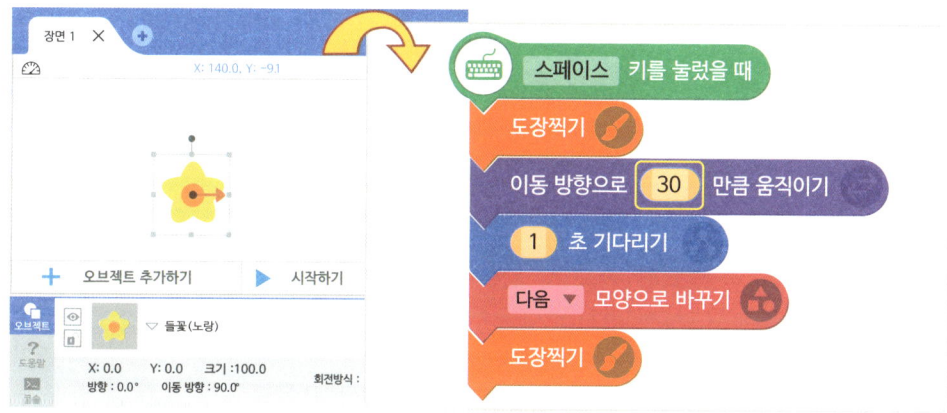

〈그림 1-24〉 움직이는 값 바꾸기

〈그림 1-25〉 장면 창

1. 규칙을 이용해서 무늬를 꾸며요

149

30보다는 커야겠죠? 55가 적당한 것 같습니다. 여러 번 확인하면서 적당한 값을 구합니다.

이렇게 확인하는 것을 디버깅이라고 합니다.

〈그림 1-26〉 55만큼 움직이기

〈그림 1-27〉 장면 창

마우스를 움직이면서 그림 1-28처럼 무늬를 만들어 봅시다.

어떤 규칙이 보이나요? 규칙이 있을 때 〈반복하기〉 명령어를 사용하면 쉽게 코딩을 할 수 있습니다.

〈그림 1-28〉 장면 창

노랑색 들꽃과 주황색 들꽃이 번갈아가면서 도장 찍는 것을 4번 반복하면 되겠죠?
그림 1-29와 같이 코딩을 해볼까요?

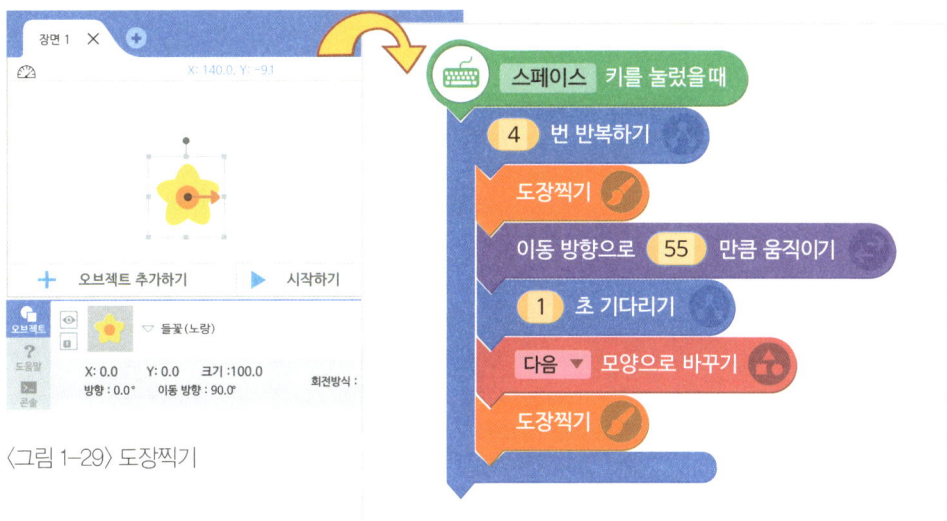

〈그림 1-29〉 도장찍기

확인해보니 우리가 원하는 무늬가 아닙니다.

무엇이 문제일까요?

〈그림 1-30〉 원하는 무늬가 아니다

1. 규칙을 이용해서 무늬를 꾸며요

자세히 보기 위해서 1초를 기다립니다. 1초를 기다리다 보니 문제를 찾아냈습니다. 같은 곳에 도장을 두 번 찍는 것을 알아냈습니다.

이렇게 〈1초 기다리기〉 명령어를 사용하면 무엇이 문제인지 잘 찾아낼 수 있습니다.(디버깅)

〈그림 1-31〉 문제 찾기

그림 1-32처럼 코딩을 하면 문제를 해결할 수 있습니다.

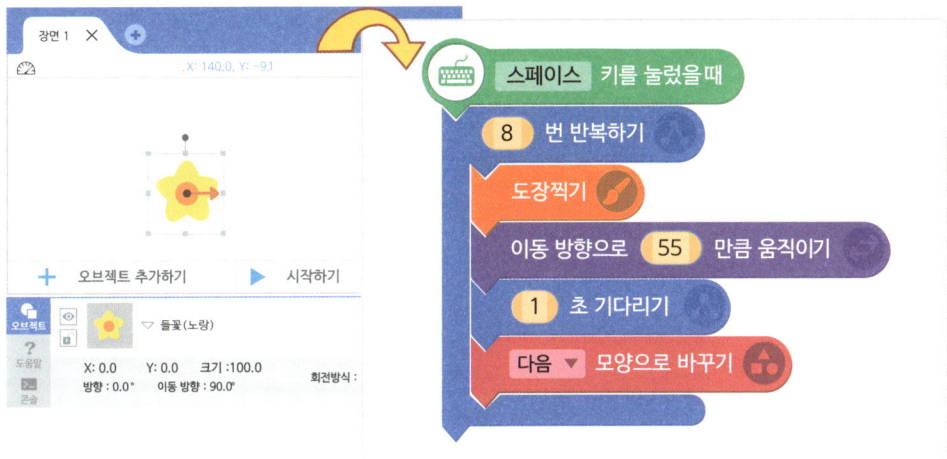

〈그림 1-32〉 문제 해결

그러면 무늬를 한 줄 더 만들어 보겠습니다.

2번째 줄은 주황색 들꽃을 먼저 찍고 싶습니다. 어떻게 하면 될까요?

키보드를 이용해서 모양을 바꿔주면 됩니다.

〈그림 1-33〉 모양 바꾸기

1. 규칙을 이용해서 무늬를 꾸며요

무늬 찍는 순서를 정리해볼까요?

1. 위쪽 화살표키를 눌러서 들꽃을 원하는 곳으로 옮긴다.
2. 아래쪽 화살표키를 눌러서 들꽃이 움직이지 않게 한다.
3. 스페이스키를 눌러서 무늬를 한 줄 만든다.
4. 위쪽 화살표키를 눌러서 들꽃을 원하는 곳으로 옮긴다.
5. 엔터키를 눌러서 모양을 바꾼다.
6. 아래쪽 화살표키를 눌러서 들꽃이 움직이지 않게 한다.
7. 스페이스키를 눌러서 무늬를 한 줄 더 만든다.
8. 4~8번을 반복한다.

위쪽 화살표 키를 누르고 들꽃을 마우스 포인터로 오게 합니다.

그리고 아래쪽 화살표 키를 눌러서 들꽃이 움직이지 않게 합니다.

그리고 스페이스키를 누릅니다.

〈그림 1-34〉 장면 창

무늬를 만들면 다시 위쪽 화살표 키를 누릅니다.

그리고 원하는 곳에 들꽃을 옮기고 엔터 키를 눌러 모양을 바꿉니다. 그리고 아래쪽 화살표 키를 눌러서 들꽃이 움직이지 않게 합니다.

〈그림 1-35〉 장면 창

스페이스 키를 눌러서 무늬를 한 줄 더 만듭니다.

〈그림 1-36〉 한 줄 더 만들기

앞에서 배웠던 내용으로 꽃길도 만들 수 있습니다.

코딩한 것을 다 지우고 그림 1-37처럼 코딩을 합니다.

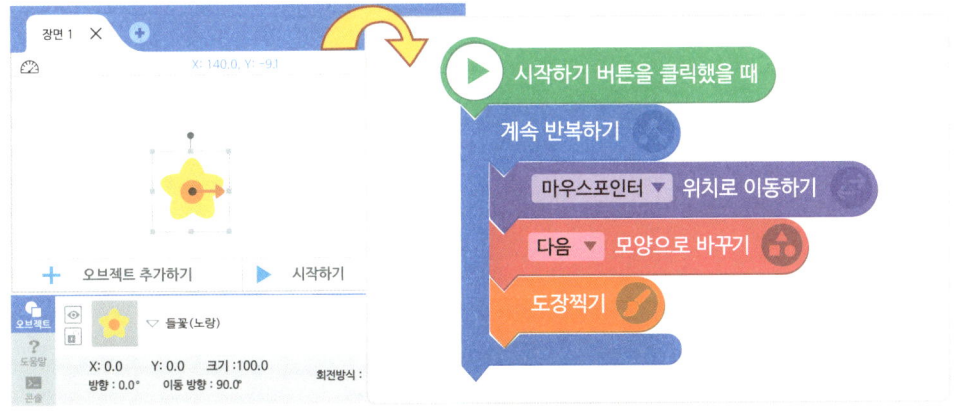

〈그림 1-37〉 꽃길 만들기

1. 규칙을 이용해서 무늬를 꾸며요

프로그램을 시작해보면 마우스를 따라서 꽃길이 만들어지는 것을 볼 수 있습니다.

〈그림 1-38〉 장면 창

 **배운 내용을 정리해요.**

사과를 왼쪽 그림처럼 둔 다음에 오른쪽 그림과 같이 코딩을 하고 프로그램을 시작했을 때 화면에 나타난 모습을 바르게 설명한 것을 고르세요.

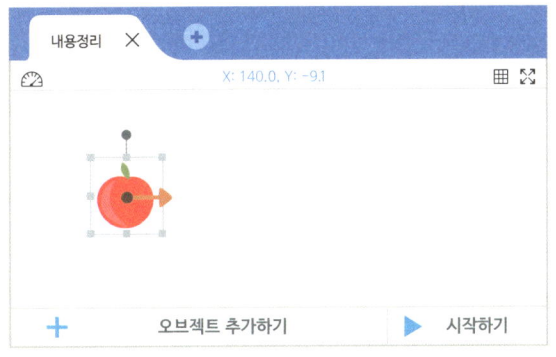

① 사과는 5개가 화면에 나타납니다.

② 도장을 찍은 사과는 색깔이 다 바뀝니다.

③ 사과가 왼쪽으로 움직이면서 도장을 찍습니다.

④ 사과가 움직이면서 점점 크기가 커집니다.

⑤ 〈도장찍기〉 명령어는 흐름 블록 꾸러미에서 찾을 수 있습니다.

	스스로 평가해요.	확인
1	키보드를 이용해서 코딩을 할 수 있어요.	
2	〈도장찍기〉 명령어를 사용하여 코딩을 할 수 있어요.	
3	화살표 키로 스위치 기능을 만들 수 있어요.	
4	두 가지 모양을 사용하여 예쁜 무늬를 꾸밀 수 있어요.	

답은 토마토북 카페(http://cafe.naver.com/arduinofun)에서 확인할 수 있습니다.

1. 규칙을 이용해서 무늬를 꾸며요

2 단풍잎이 떨어지는 가을

가을이 되면 나무가 알록달록 단풍잎으로 옷을 갈아입습니다. 그리고 단풍잎이 바람에 따라서 떨어지죠. 엔트리로 떨어지는 단풍잎을 만들어 보겠습니다.

'단풍나무'와 '공책'을 넣어 그림 2-1과 같이 만듭니다.

그림 15-2와 같이 눈 표시를 클릭해서 공책이 보이지 않게 합니다.

이 공책은 왜 필요할까요?

이 공책이 단풍잎이 떨어지는 곳을 나타내줍니다. 즉, 단풍잎이 공책이 있는 곳에서 떨어지는 것이죠.

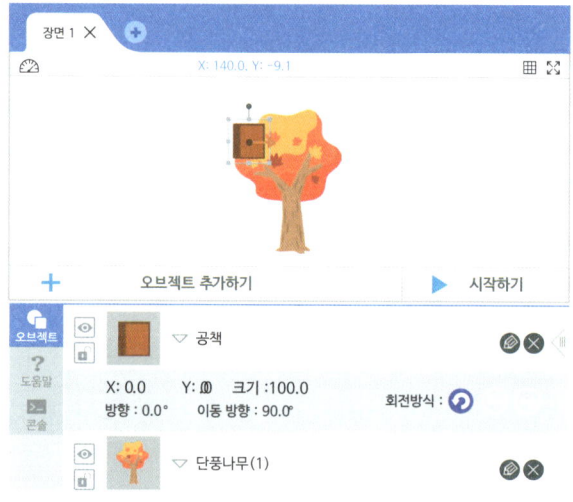

〈그림 2-1〉 장면 창

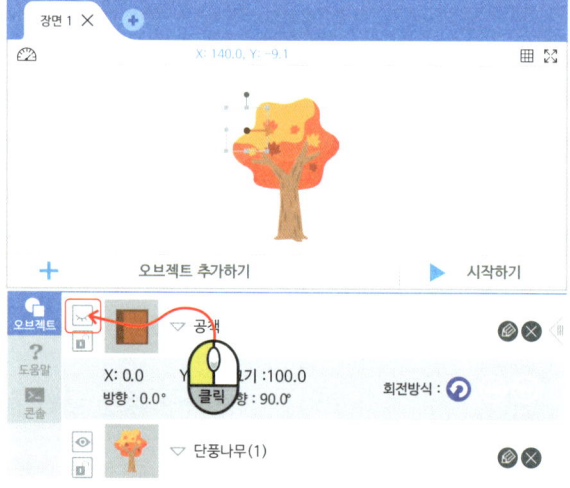

〈그림 2-2〉 보이지 않는 공책

'낙엽'을 넣습니다.

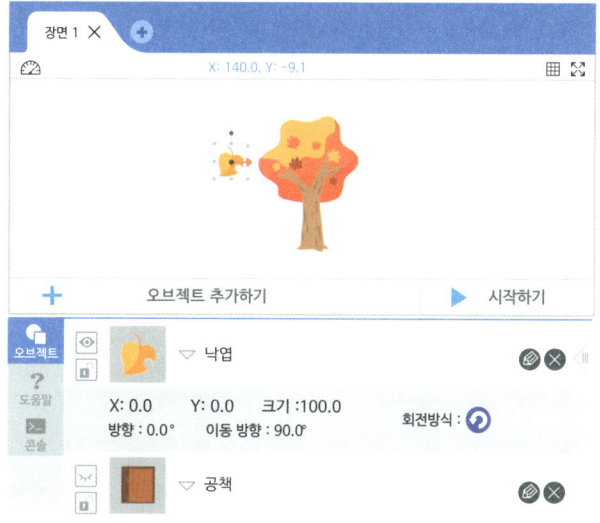

〈그림 2-3〉 '낙엽' 넣기

'낙엽'도 눈 표시를 눌러서 보이지 않게 합니다.

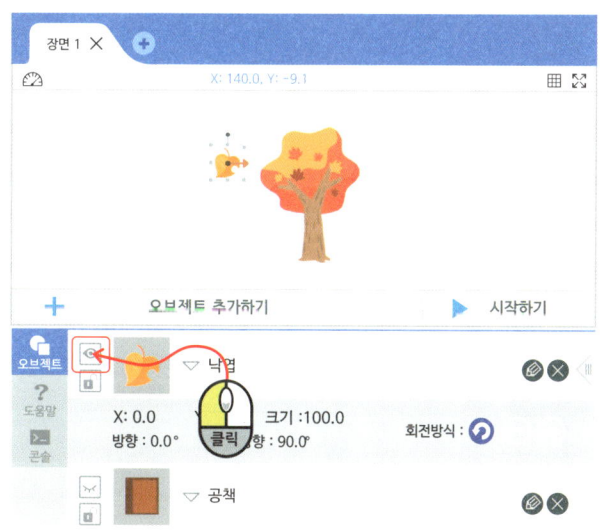

〈그림 2-4〉 낙엽을 보이지 않게 하기

낙엽이 떨어지기 시작하면 공책 위치로 이동합니다. 그리고 모양이 보이고 이동방향으로 계속 이동해서 떨어지는 것처럼 보이게 합니다. 〈그림 2-5〉

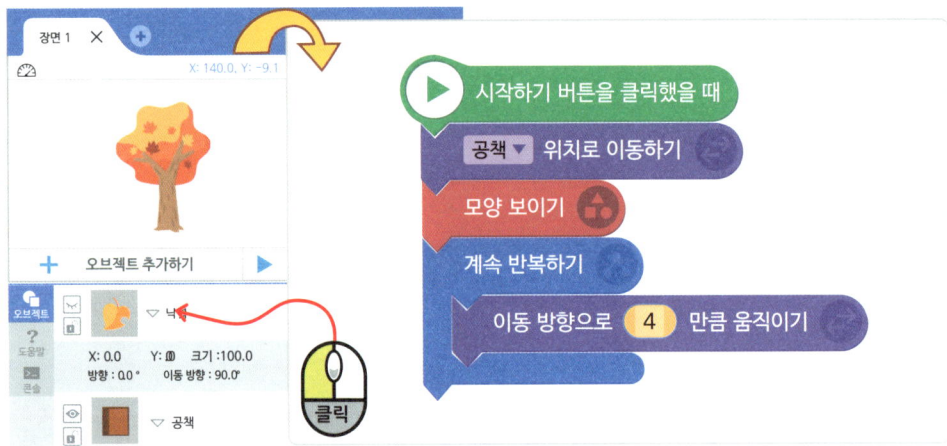

〈그림 2-5〉 떨어지는 낙엽 코딩

프로그램을 시작해 봅시다.

낙엽이 떨어지지 않고 오른쪽으로 계속 움직입니다. 무엇이 문제일까요?

〈그림 2-6〉 오른쪽으로 가는 낙엽

'낙엽'을 다시 보면

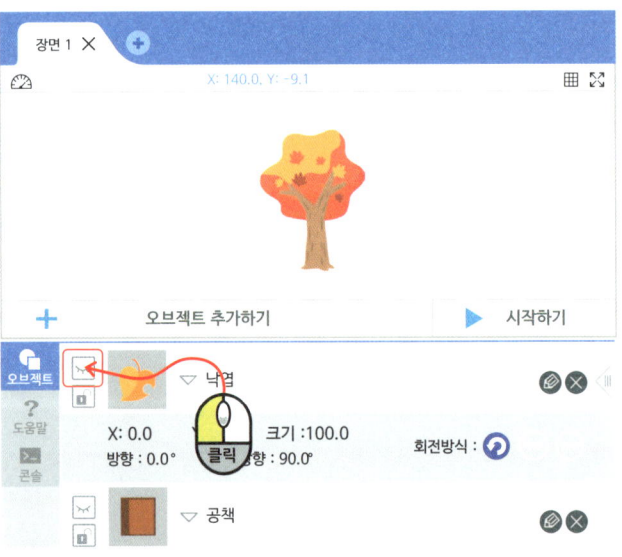

〈그림 2-7〉 눈 표시 클릭

화살표가 오른쪽으로 되어 있는 것을 볼 수 있습니다.

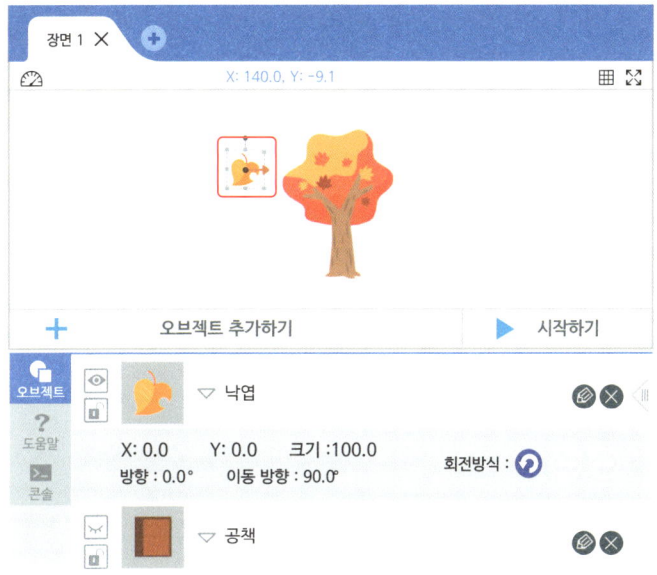

〈그림 2-8〉 이동방향 보기

화살표 방향을 오른쪽 아래로 바꿔줍니다.

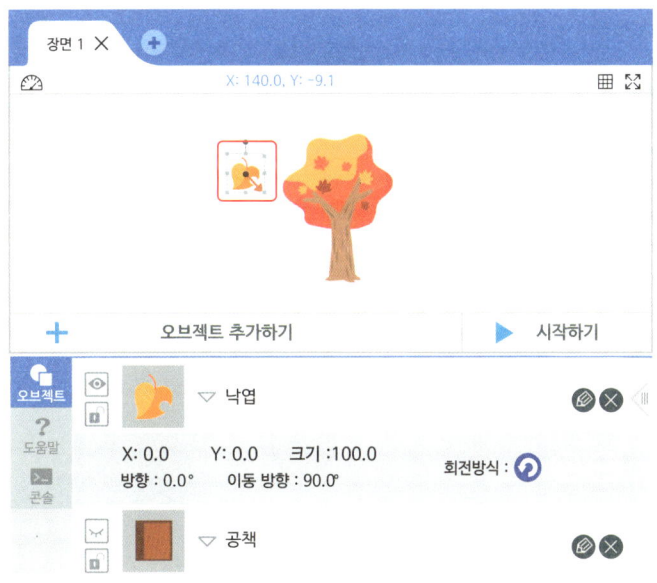

〈그림 2-9〉 이동방향 바꾸기

2. 단풍잎 떨어지는 가을

다시 프로그램을 시작하면 낙엽이 비스듬히 잘 떨어지는 것을 확인할 수 있습니다.

〈그림 2-10〉 떨어지는 낙엽

그런데 어떻게 하면 낙엽이 계속 떨어지게 할 수 있을까요?

조건을 사용하면 쉽게 문제를 해결할 수 있습니다.

벽에 닿으면 다시 공책 위치로 이동하도록 그림 2-11과 같이 코딩하면 됩니다.

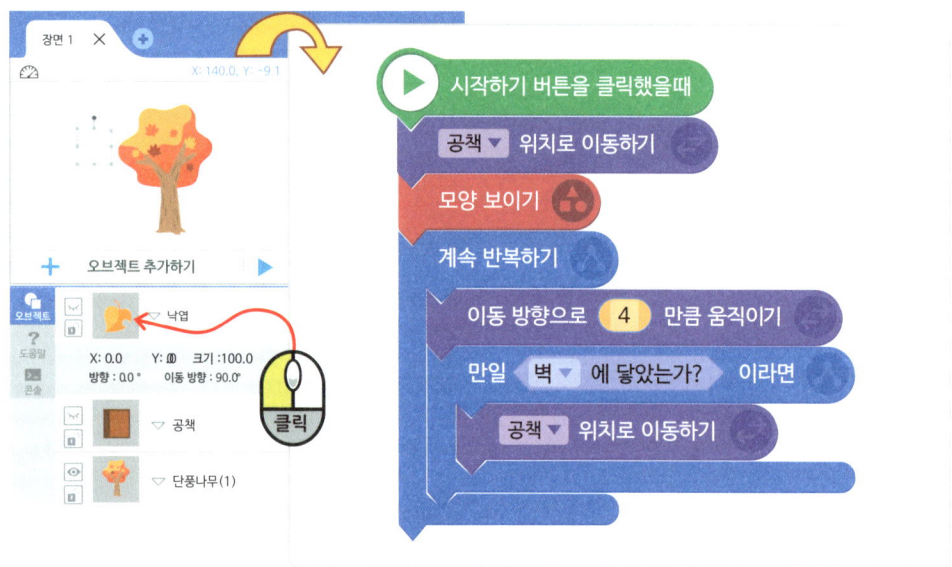

〈그림 2-11〉 벽에 닿았는가?

벽은 〈장면 창〉 위-아래-왼쪽-오른쪽을 말합니다.
빨간색으로 표시한 부분이 바로 벽입니다.

〈그림 2-12〉 벽

낙엽이 떨어지는 곳을 바꾸고 싶습니다. 어떻게 하면 될까요?
공책이 계속 이동하면 됩니다.
공책을 보이게 하고

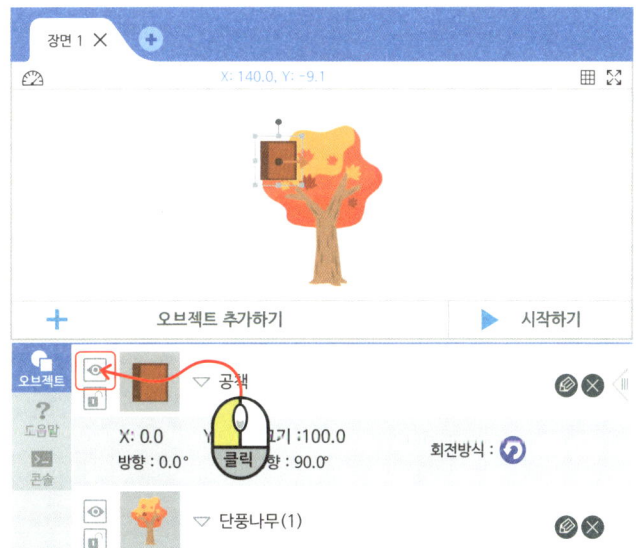

〈그림 2-13〉 공책 확인

2. 단풍잎 떨어지는 가을

그림 2-14처럼 코딩을 하면 공책이 앞뒤로 움직입니다.

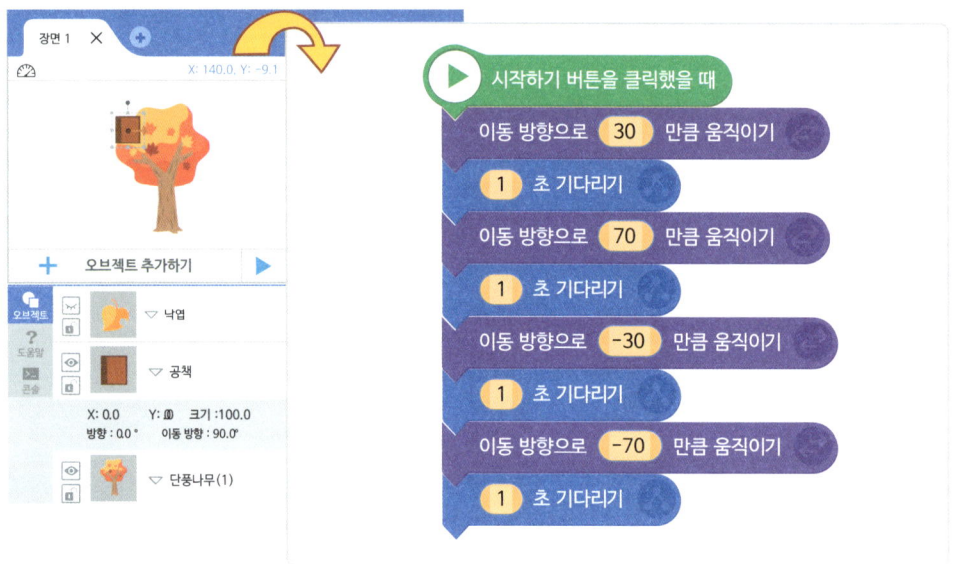

〈그림 2-14〉 앞뒤로 움직이기

이것을 계속 반복하면 됩니다.

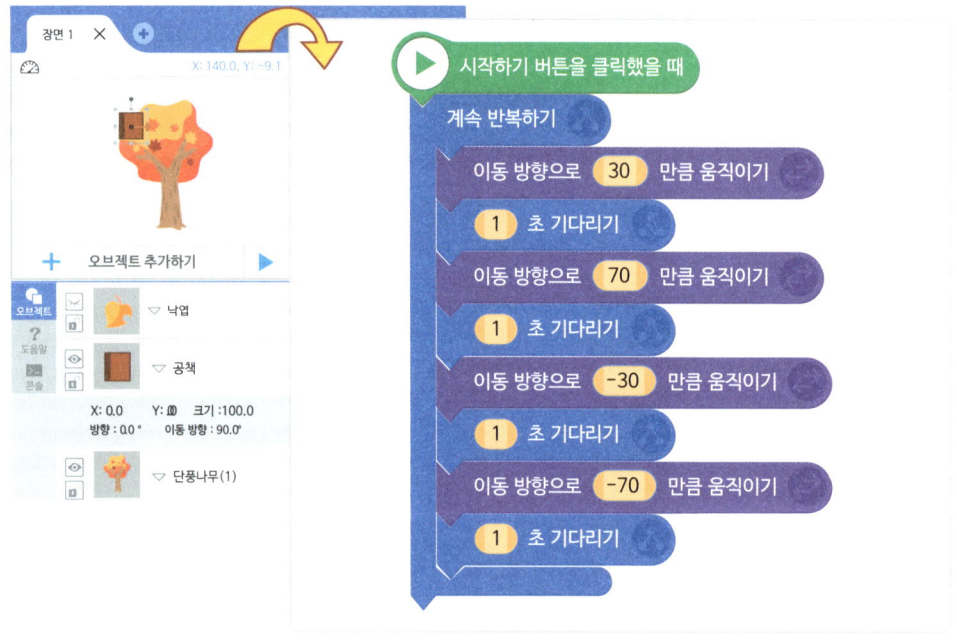

〈그림 2-15〉 계속 반복하기

코딩이 끝난 후 눈을 선택하여 공책 오브젝트가 안 보이게 하고 〈시작하기〉 버튼을 눌러 확인해 봅니다.

〈그림 2-16〉 다른 곳에서 떨어지는 낙엽

단풍잎 오브젝트를 선택하고 그림 2-17과 같이 〈색깔 효과〉를 주면 단풍잎 색깔이 변합니다.

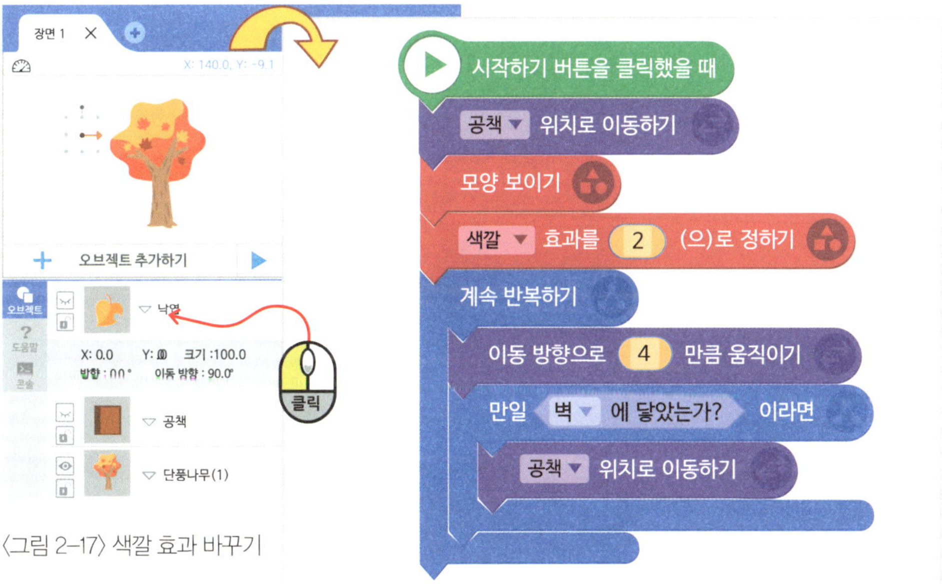

〈그림 2-17〉 색깔 효과 바꾸기

〈그림 2-18〉 색깔이 바뀐 낙엽

2. 단풍잎 떨어지는 가을

이제 낙엽이 많이 떨어지게 만들고 싶습니다. 어떻게 하면 될까요?

'공책'과 '낙엽'을 여러 개 복제하면 됩니다.

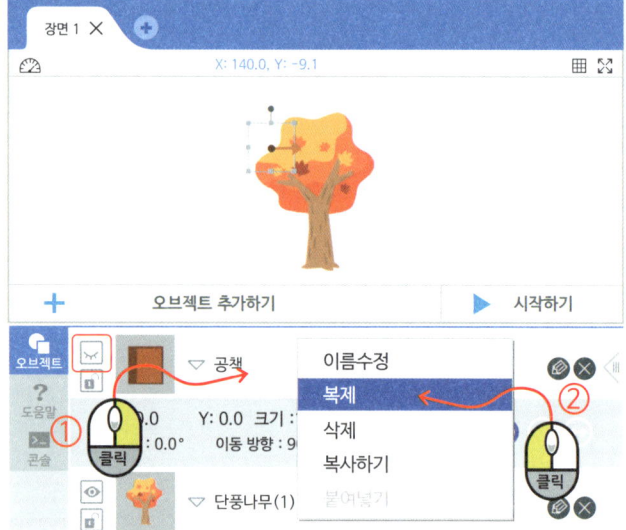

〈그림 2-19〉 '공책' 복제하기

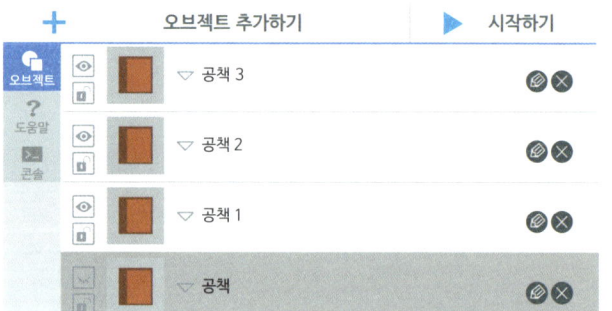

〈그림 2-20〉 복제된 '공책'

공책을 3개 복제하고 움직이는 방법을 바꿔줍니다. 움직이는 방법을 바꿀 때 항상 제자리로 돌아올 수 있도록 코딩을 해줍니다.

〈그림 2-21〉 복제된 공책

그림 2-22를 보면 오른쪽으로 움직이는 것은 60, 40으로 100만큼 움직입니다.

왼쪽으로 움직이는 것은 90, 10으로 100만큼 움직입니다. 오른쪽으로 움직이는 것과 왼쪽으로 움직이는 것이 같으면 항상 제자리로 돌아옵니다.

'공책1'을 선택하고 코딩을 합니다.

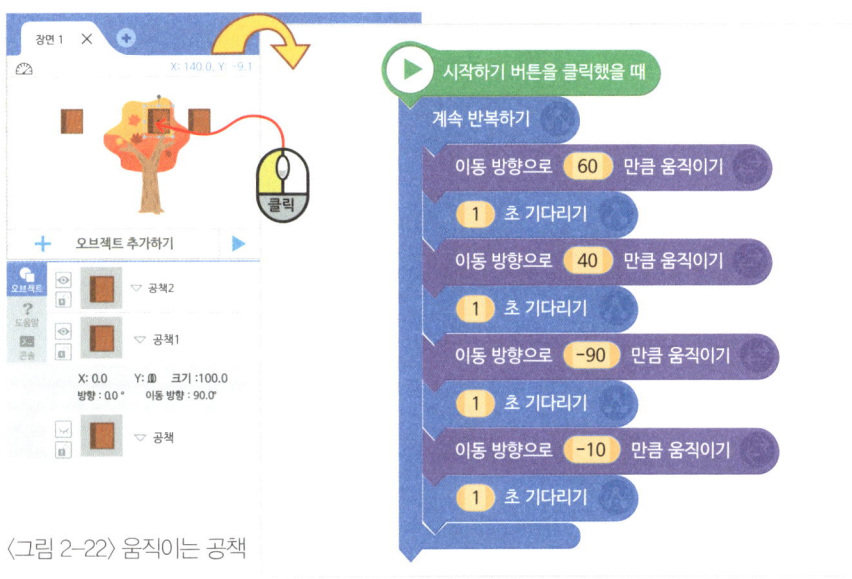

〈그림 2-22〉 움직이는 공책

'공책2'를 선택하고 코딩을 합니다.

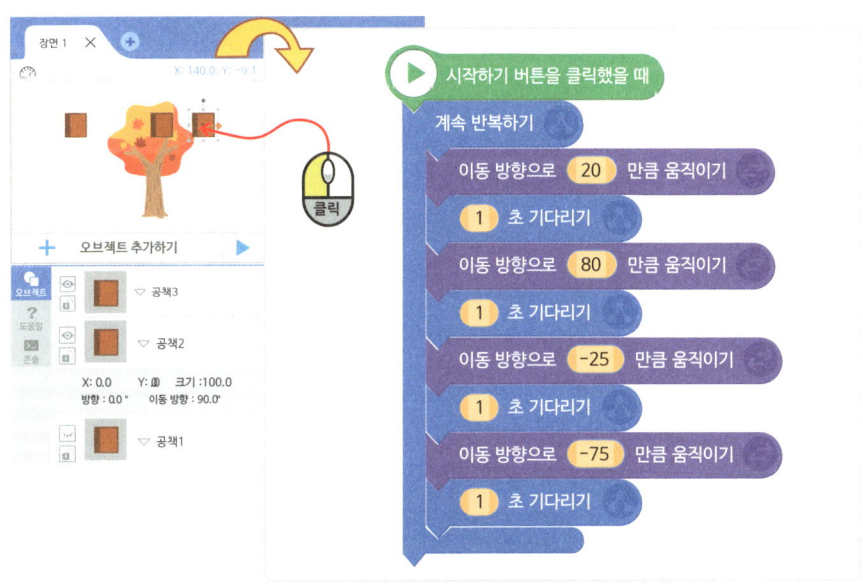

〈그림 2-23〉 오른쪽으로 움직이기 = 왼쪽으로 움직이기

2. 단풍잎 떨어지는 가을

'공책3'도 같은 방법으로 코딩을 합니다. 코딩이 끝난 후에는 눈 표시를 클릭하여 안 보이게 합니다.

낙엽도 복제합니다.

〈그림 2-24〉 '낙엽' 복제하기

'낙엽1'에 코딩을 합니다

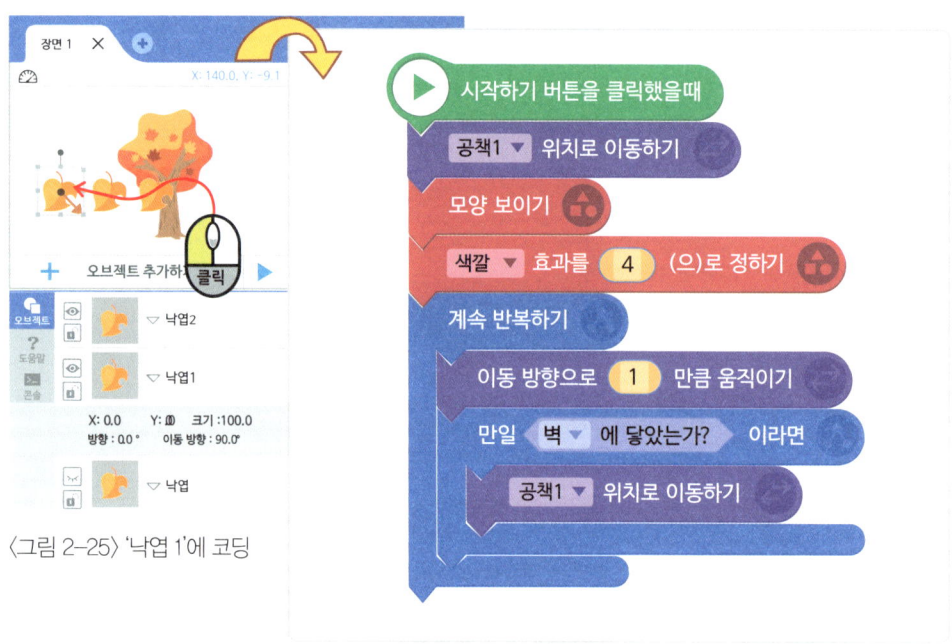

〈그림 2-25〉 '낙엽 1'에 코딩

'낙엽1'은 '공책1'로 움직여야 합니다.
그리고 색깔 효과와 움직이는 값을 다르게 바꿔줍니다.

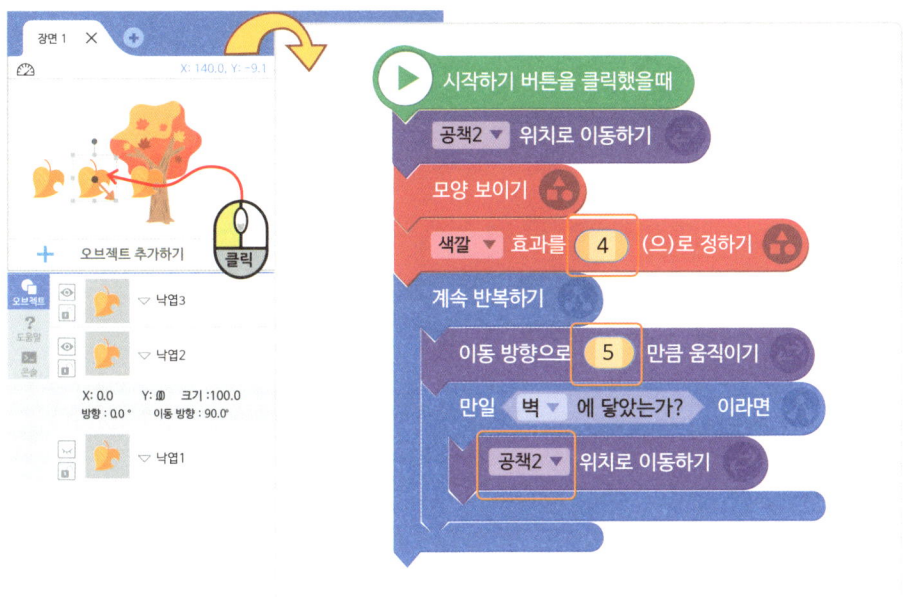

〈그림 2-26〉 '공책1'로 움직이기

'낙엽2'도 '공책2' 쪽으로 움직이고 색깔 효과와 움직이는 값을 다르게 합니다.

'낙엽3'도 '공책3' 쪽으로 움직이고 색깔 효과와 움직이는 값을 다르게 합니다.

〈그림 2-27〉 '공책3'으로 움직이기

2. 단풍잎 떨어지는 가을

〈그림 2-28〉 많은 낙엽이 떨어짐

가을에 단풍잎이 예쁘게 떨어지는 단풍나무를 만들었습니다.
멋진 아이디어로 자신만의 예쁜 단풍나무를 만들어 보세요.

완성된 코딩 정리

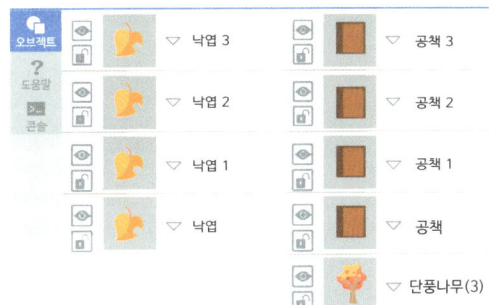

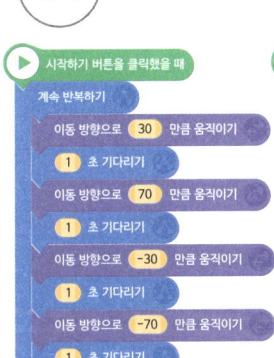
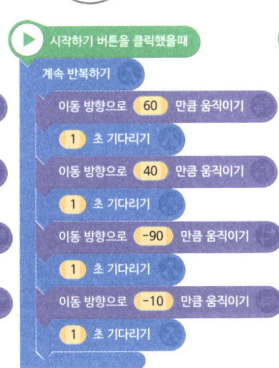
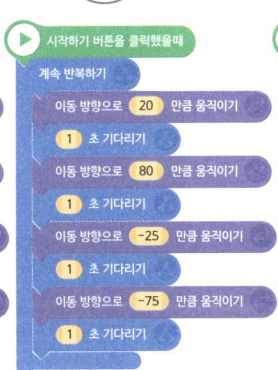

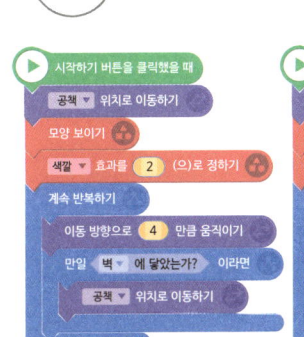
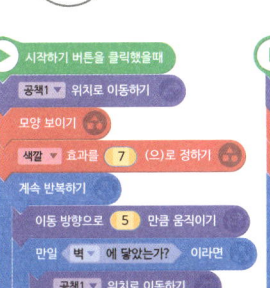
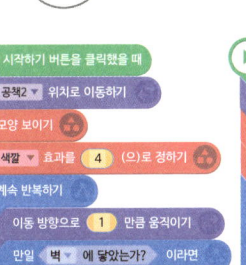

2. 단풍잎 떨어지는 가을

 **배운 내용을 정리해요.**

그림과 같은 오브젝트를 사용해서 단풍잎이 계속 떨어지는 모습을 엔트리로 표현해보고 싶습니다. 코딩하는 방법을 잘못 설명한 학생을 고르세요.

① 민수: 공책의 모양은 숨기는 것이 좋습니다.

② 영희: 단풍잎이 공책 위치에서 떨어지게 하면 됩니다.

③ 철수: 색깔 효과를 바꾸면 단풍잎의 색깔이 바뀝니다.

④ 영철: 공책의 색깔이 변하면 낙엽의 색깔도 변합니다.

⑤ 수정: 단풍잎의 이동 방향을 바꾸면 떨어지는 방향이 바뀝니다.

	스스로 평가해요.	확인
1	다른 오브젝트가 있는 곳으로 움직일 수 있어요.	
2	오브젝트의 이동방향을 바꿀 수 있어요.	
3	〈색깔 효과〉 명령어로 오브젝트의 색깔을 바꿀 수 있어요.	
4	오브젝트가 움직이는 빠르기를 바꿀 수 있어요.	

답은 토마토북 카페(http://cafe.naver.com/arduinofun)에서 확인할 수 있습니다.

3 무궁화 꽃이 피었습니다 1

　여러분 '무궁화 꽃이 피었습니다' 게임을 아나요? 술래가 등을 돌려서 '무궁화 꽃이 피었습니다'라고 말합니다. 다 말하면 고개를 쏙 돌려서 뒤에 있는 사람을 봅니다.

　나머지 사람은 술래가 '무궁화 꽃이 피었습니다'를 다 말할 때까지 움직일 수 있습니다. 만약 술래가 말을 다 하고 고개를 쏙 돌렸는데 움직이면 술래 쪽으로 와야 합니다.

　그리고 나머지 사람이 술래에 등을 치고 원래 있던 곳으로 빠르게 와야 하는 게임입니다.

　이 게임을 엔트리로 만들어 보겠습니다.

어린이와 좀비를 사용해서 코딩을 하겠습니다.

엔트리 프로그램을 실행하고 엔트리봇을 삭제합니다.

장면1을 '게임 시작'으로 이름을 바꾸고 〈오브젝트 추가〉-〈오브젝트 선택〉에서 '유지원생(1)'과 '좀비(3)'을 가져와 유치원생(1)은 '어린이'로 좀비(3) '좀비'로 이름을 바꿉니다.

〈그림 3-1〉 유치원생(1)과 좀비(3)

어린이를 선택합니다. 〈움직였다〉 신호를 만들고

〈그림 3-2〉 〈움직였다〉 신호 만들기

오른쪽 화살표 키를 눌렀을 때 〈움직였다〉 신호를 보내면서 오른쪽으로 5만큼 움직이도록 코딩을 합니다.

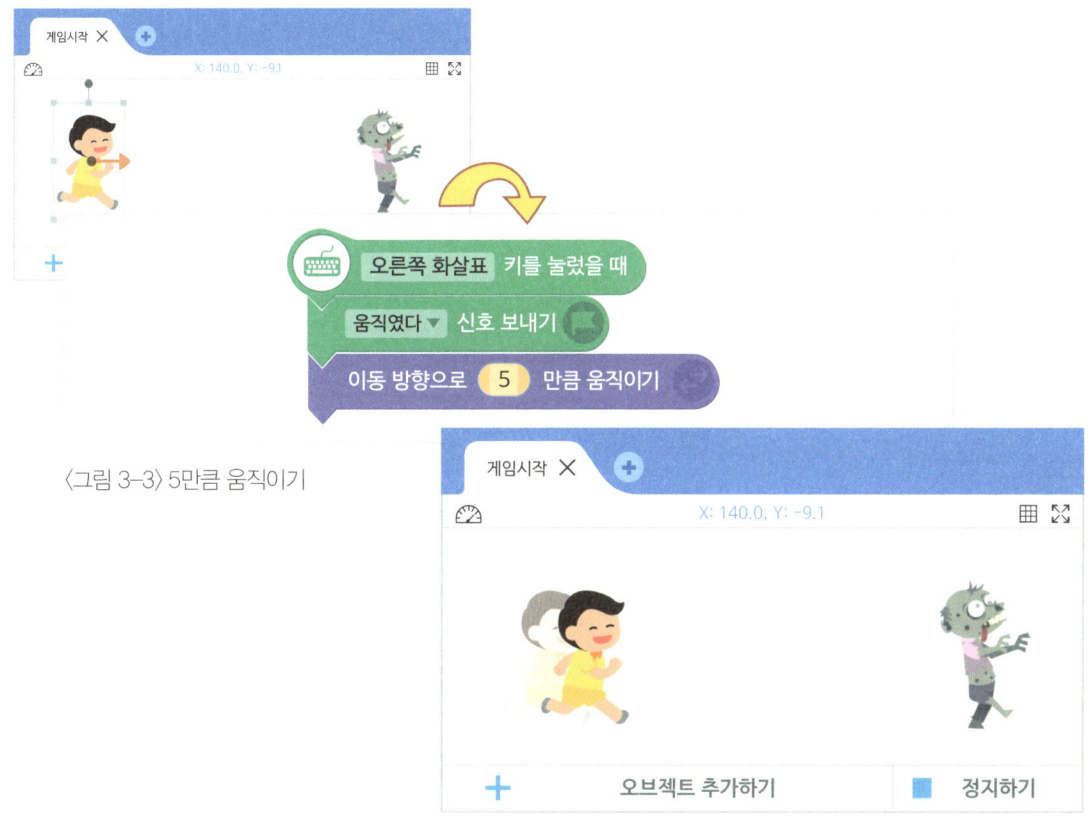

〈그림 3-3〉 5만큼 움직이기

〈그림 3-4〉 5만큼 움직인 좀비

좀비는 어떻게 코딩을 해야 할까요? 좀비는 어느 정도 시간이 지나면 뒤를 봐야 합니다. 그런데 계속 똑같은 시간마다 뒤를 돌아보면 게임이 재미가 있을까요? 예를 들어 5초마다 뒤를 본다고 해봅시다. 그러면 너무 재미없을 것입니다. 어떻게 하면 될까요?

바로 무작위 수를 사용하면 됩니다. 무작위 수는 〈계산〉 블록 꾸러미 에서 찾을 수 있습니다. 무작위 수는 아무거나 하나라고 생각하면 됩니다.

〈그림 3-5〉 무작위 수

3. 무궁화 꽃이 피었습니다 1 175

좀비를 선택하고 그림 3-6과 같이 코딩을 합니다.

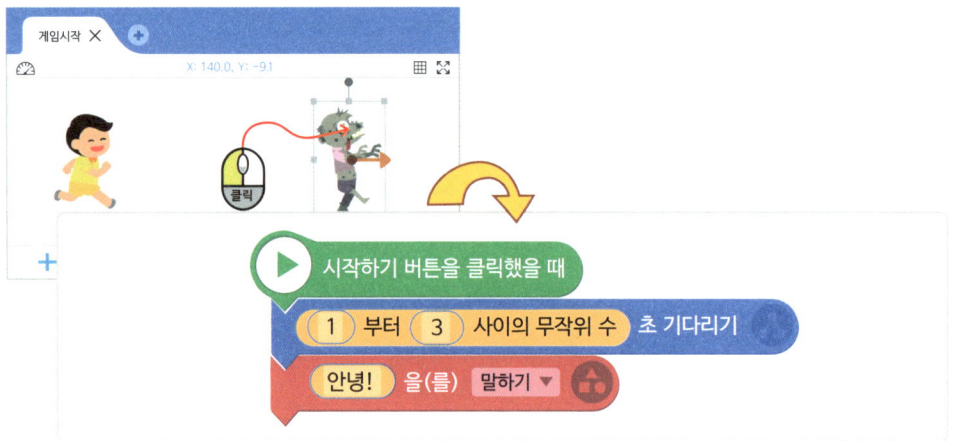

〈그림 3-6〉 무작위 수를 사용하여 코딩하기

〈시작하기〉를 눌러 장면을 확인해봅시다.

언제 '안녕'이라고 말하는지 자세히 살펴봅시다.

〈그림 3-7〉 장면 창

1초에서 3초 사이를 기다리다가 '안녕'이라고 말합니다.

1부터 3사이의 무작위 수는 1, 2, 3에서 아무거나 하나를 말합니다. 1이 될 수도 있고, 2가 될 수도 있고, 3이 될 수도 있습니다. 그러나 4는 안 됩니다. 4는 1과 3사이의 수가 아니기 때문입니다.

좀비는 '무궁화 꽃이'라고 말하고 1초에서 3초 사이를 기다립니다.

1초를 기다릴 수도 있고, 2초를 기다릴 수도 있고, 3초를 기다릴 수도 있습니다.

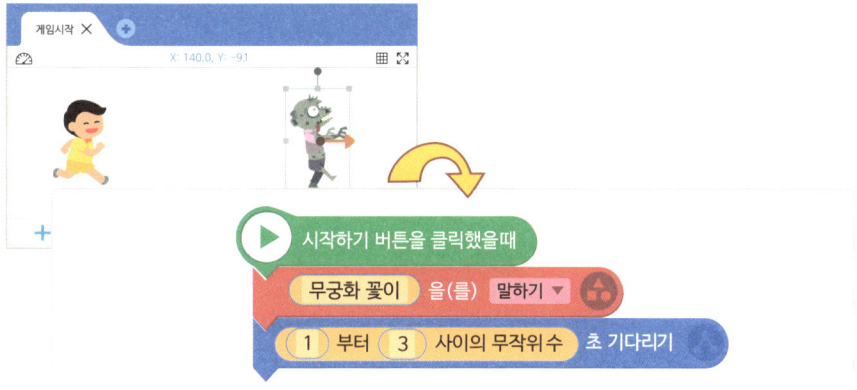

〈그림 3-8〉 1초에서 3초 사이를 기다리기

〈시작하기〉를 눌러 장면을 확인해봅니다.

언제 '무궁화 꽃이'라고 말하는지 살펴봅시다.

〈그림 3-9〉 장면 창

'무궁화 꽃이'라고 말하고 난 뒤에 좌우(왼쪽-오른쪽) 모양을 뒤집고 '피었습니다.'라고 말합니다.

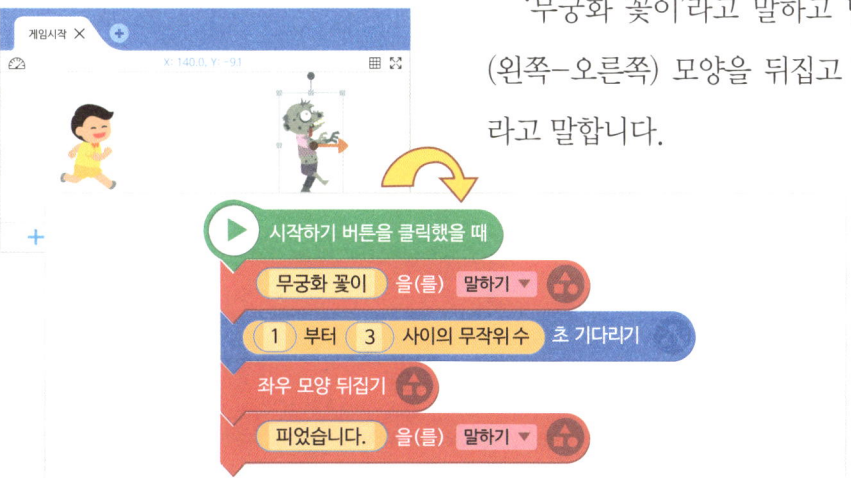

〈그림 3-10〉 좌우 모양 뒤집기

3. 무궁화 꽃이 피었습니다 1

〈그림 3-11〉 장면 창

좀비가 뒤를 돌아보면 돌아봤다는 것을 알려줘야 합니다. 만약 좀비가 돌아봤는데 어린이가 움직이면 게임에서 진 것입니다.

어떻게 하면 좀비가 뒤를 돌아봤는지 또는 돌아보지 않았는지 알려줄 수 있을까요?

바로 변수를 사용하면 됩니다. 신호를 사용하는 방법도 있지만 이 책에서는 변수를 사용해서 더 쉽게 코딩을 해보겠습니다.

[뒤돌아봤다] 변수를 만듭니다.

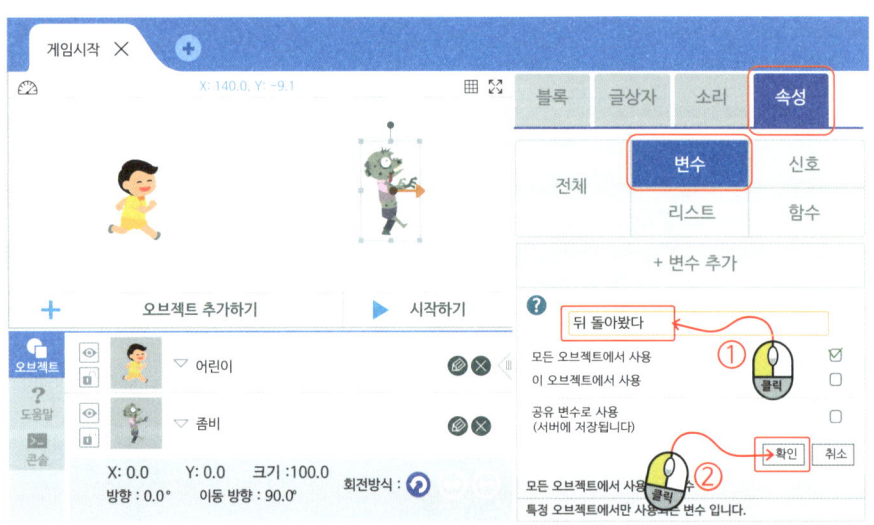

〈그림 3-12〉 [뒤돌아봤다] 변수 만들기

〈자료〉 블록 꾸러미 에서 변수와 관련된 명령어를 찾아서 사용합니다.

[뒤돌아봤다] 변수 값이 0이면 돌아보지 않은 것입니다. [뒤돌아봤다] 변수 값이 1이면 돌아본 것입니다. 그림 3-13처럼 코딩을 해보겠습니다.

〈그림 3-13〉 [뒤돌아봤다] 변수를 사용하여 코딩하기

〈그림 3-14〉 뒤집어진 좀비

이렇게 코딩을 하면 될 것 같지만, 그렇지 않습니다. 돌아봤으면 다시 원래대로 앞을 봐야 합니다. 즉 〈좌우모양 뒤집기〉를 두 번 사용해야 합니다.

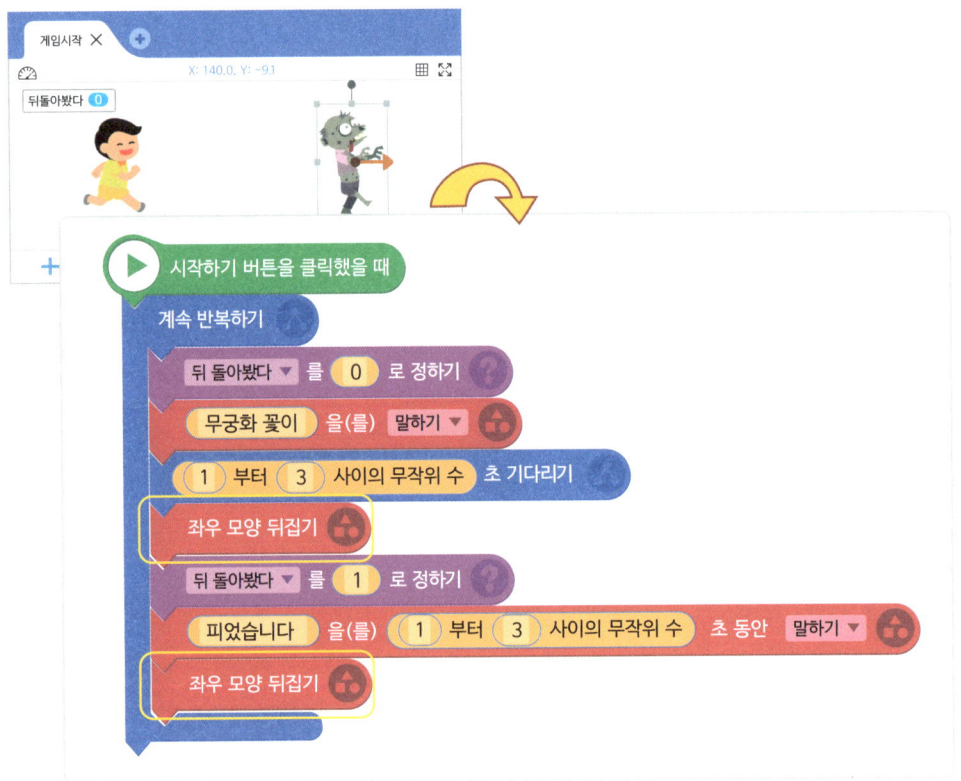

〈그림 3-15〉 두 번 뒤집기

그러면 그림 3-16과 같이 뒤를 돌아보면서 '피었습니다.'라고 말하게 됩니다.

〈그림 3-16〉 장면 창

어린이가 움직이면 좀비에게 〈움직였다〉 신호를 보냅니다. 그때 뒤를 돌아봤다면, 즉 [뒤돌아봤다] 변수 값이 1이면 게임이 끝납니다.

이 규칙을 잘 생각해보고 좀비에게 그림 3-17처럼 코딩을 해봅시다.

〈그림 3-17〉 '게임 끝' 말하기

잘 되는지 확인해 볼까요?

어라? 어린이가 움직이지 않아도 '게임 끝'이라고 말하는 경우가 생깁니다.

〈그림 3-18〉 창면 창

왜냐하면 어린이가 움직이면서 〈움직였다〉 신호를 보냈기 때문입니다. 어린이가 움직이고 멈춰도 〈움직였다〉 신호를 이미 보낸 것이 됩니다.

신호를 사용해서는 문제를 해결하기 어렵습니다. 어떻게 하면 될까요?

3. 무궁화 꽃이 피었습니다 1

 **배운 내용을 정리해요.**

좀비에게 아래와 그림과 같이 코딩을 하고 프로그램을 시작해봅니다. 코딩한 것에 대한 설명으로 옳지 <u>않은</u> 것을 고르세요.

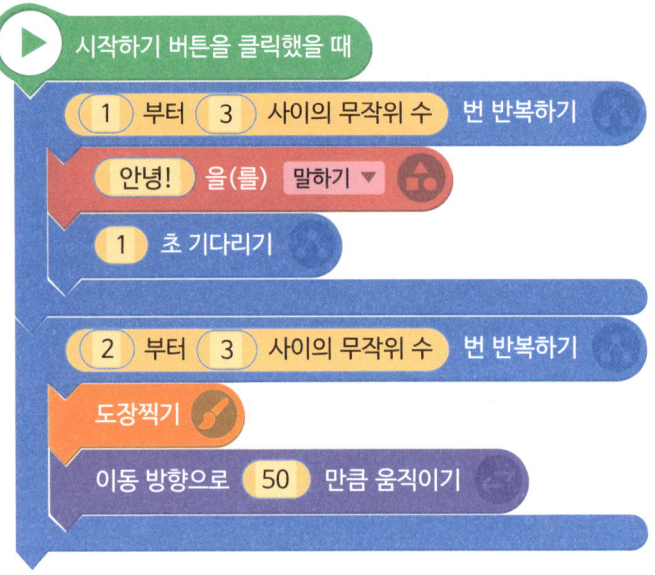

① 좀비는 안녕을 세 번 말할 수 있습니다.

② 좀비는 안녕을 한 번만 말할 수 있습니다.

③ 화면에 좀비 모양이 3번 찍힐 수 있습니다.

④ 이렇게 무작수를 이용하면 재미있는 게임을 만들 수 있습니다.

⑤ 좀비는 안녕이라고 말을 다 하고 자신의 모습을 화면에 찍습니다.

	스스로 평가해요.	확인
1	변수를 사용하여 코딩할 수 있어요.	
2	난수를 사용해서 코딩할 수 있어요.	
3	등호를 사용해서 코딩할 수 있어요.	
4	문제를 나눠서 생각할 수 있어요.	

답은 토마토북 카페(http://cafe.naver.com/arduinofun)에서 확인할 수 있습니다.

4 무궁화 꽃이 피었습니다 2

바로 변수를 사용하면 됩니다. 책을 읽어보니 변수가 정말 중요하게 사용되는 것 알 수 있겠죠? 코딩을 공부할 때 순서, 반복, 조건, 함수 그리고 변수를 꼭 기억해야 한다는 것! 다시 한 번 떠올려 봅시다.

원래 좀비에 코딩한 것을 지우고 변수 [움직였다]를 하나 더 만듭니다.

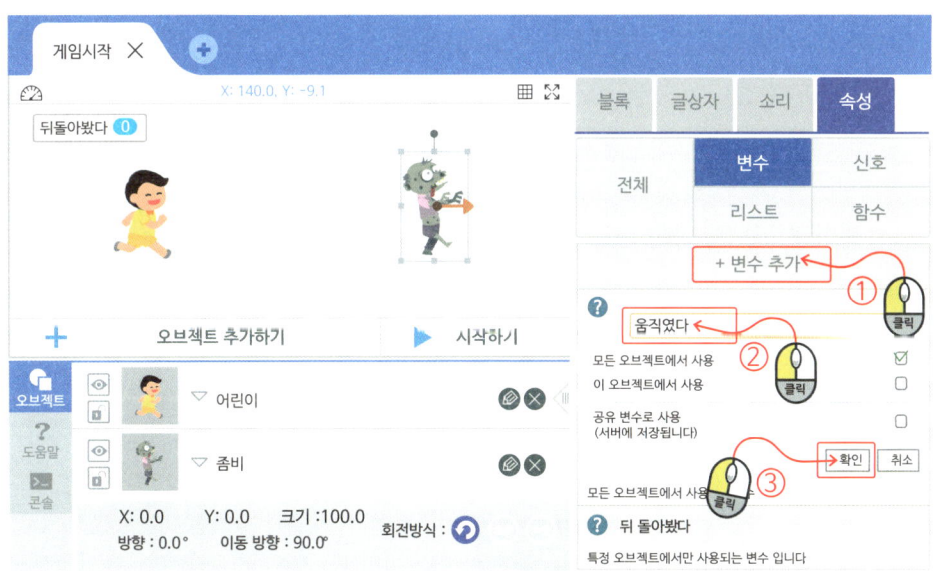

〈그림 4-1〉 변수 추가하기

어린이를 고르고 그림 4-2와 같이 코딩을 합니다. 오른쪽 화살표 키를 누르면 [움직였다] 변수 값이 1이 되고, 움직입니다. 그렇지 않으면 [움직였다] 변수 값이 0이 됩니다.

183

4. 무궁화 꽃이 피었습니다 2

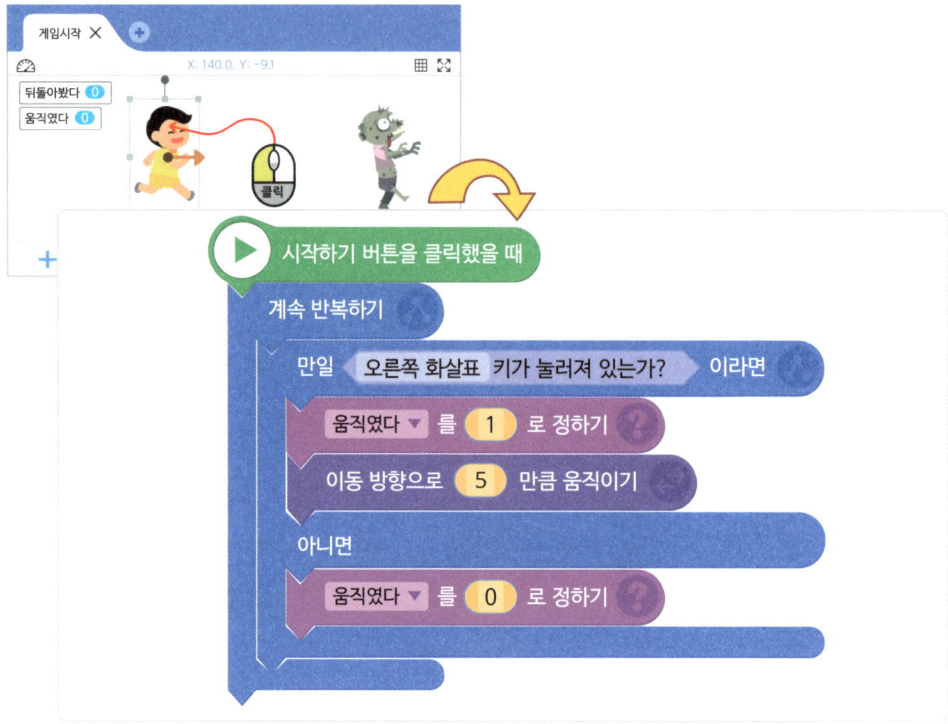

〈그림 4-2〉 좀비에 코딩

좀비를 선택하고 코딩합니다.

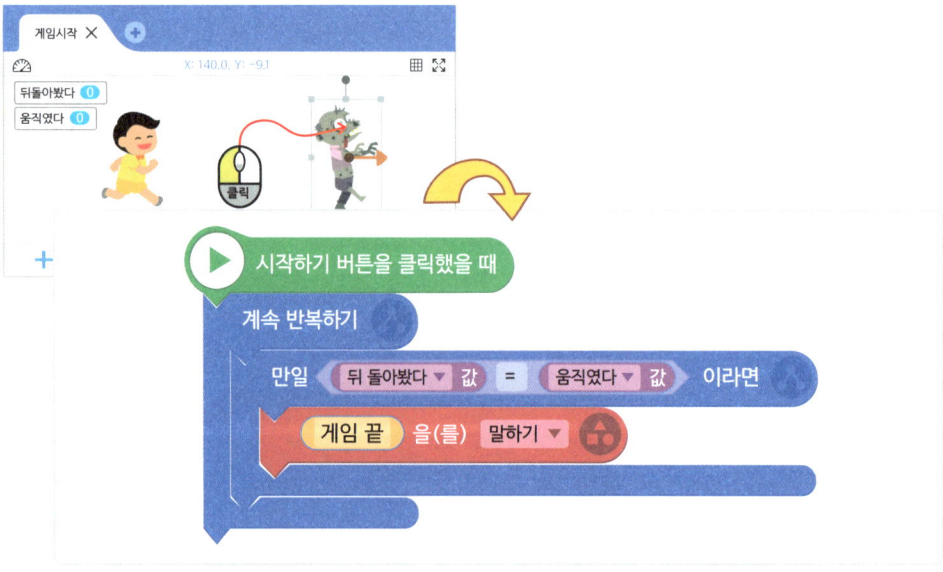

〈그림 4-3〉 좀비에 코딩하기

[뒤돌아봤다]와 [움직였다] 변수 값이 같으면 즉, 어린이가 움직였는데 좀비가 뒤를 돌아본다면 게임이 끝난 것이죠. 그럼 좀비가 '게임 끝'이라고 말합니다. 하지만 이렇게 코딩을 하면 문제가 생깁니다.

[움직였다] 변수와 [뒤돌아봤다] 변수가 0이어도 게임이 끝나게 됩니다. 즉 어린이가 움직이지도 않고, 좀비가 뒤돌아보지도 않았는데 게임이 끝나게 됩니다.

어떻게 하면 될까요?

〈그림 4-4〉 문제가 생겼어요.

[움직였다] 변수 값을 1과 2로 정하면 됩니다.

[뒤돌아봤다] 변수 값	[움직였다] 변수 값
1	1
0	2

그러면 [뒤돌아봤다] 변수 값과 [움직였다] 변수 값이 같은 경우는 한 가지밖에 생기지 않습니다.

〈그림 4-5〉 [움직였다] 변수 값 바꾸기

그림 4-5처럼 코딩을하면 잘 되는지 확인해봅시다. 그런데 좀비가 시작하자마자 '게임 끝'이라고 합니다.

그 이유는 두 변수 값이 모두 0에서 시작하기 때문입니다.

〈그림 4-6〉 문제가 생겼어요.

어떻게 하면 될까요? 1초를 기다리면 됩니다. 참 쉽죠?
좀비를 선택하고 코딩을 합니다.

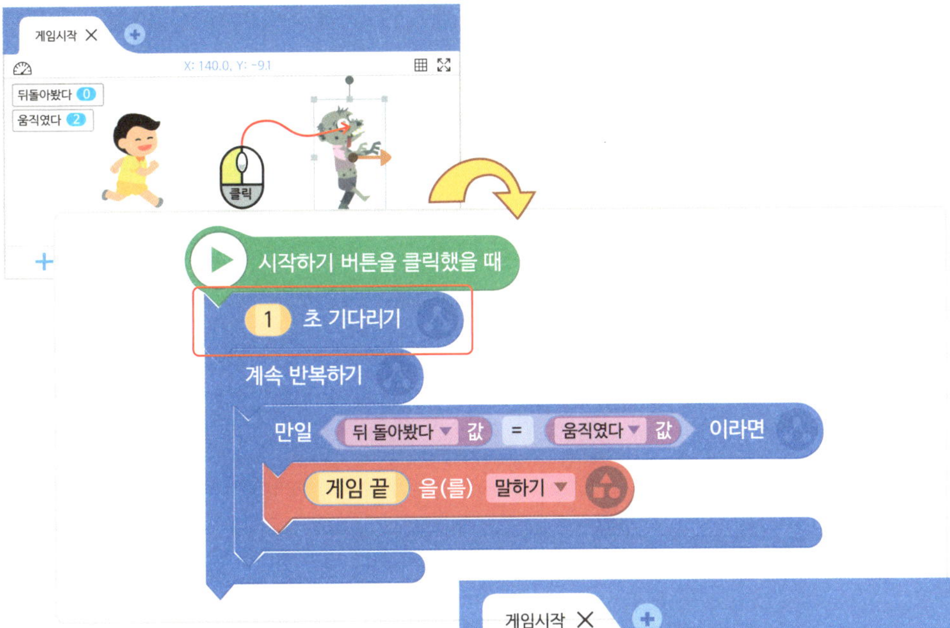

〈그림 4-7〉 1초 기다리기

〈그림 4-8〉 문제를 해결했어요.

〈게임 끝〉 장면을 하나 더 만듭니다.

〈그림 4-9〉 〈게임 끝〉 장면

4. 무궁화 꽃이 피었습니다 2

게임시작 장면을 선택하고 두 변수 값이 같을 때 〈게임 끝〉 장면이 시작되도록 코딩을 합니다.

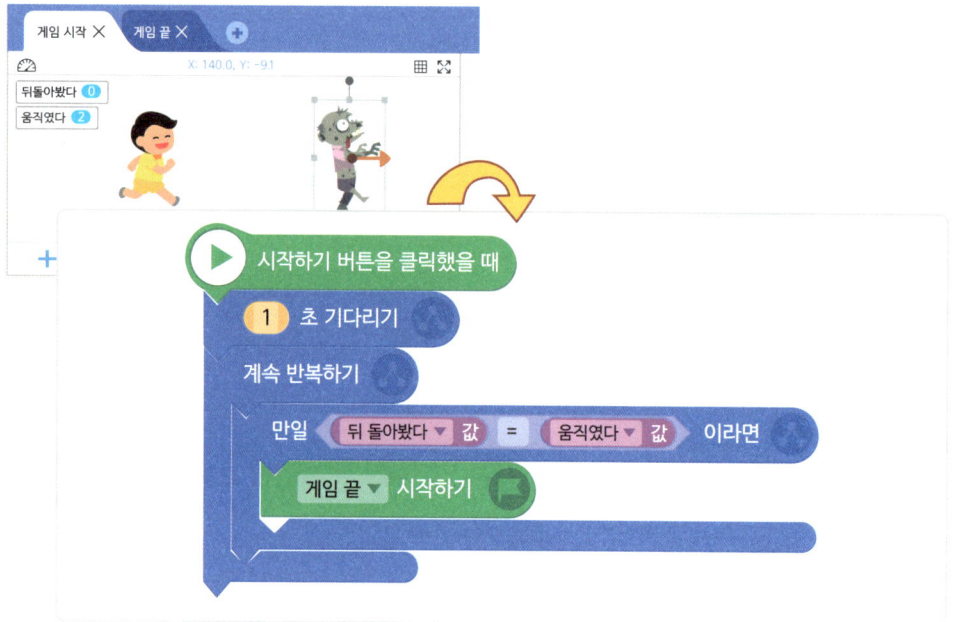

〈그림 4-10〉 〈게임 끝〉 장면 시작하기

다시 〈게임 끝〉 장면을 선택하고 〈오브젝트 추가하기〉로 '어린이'를 가져와서 이동 화살표 방향을 그림 4-11과 같이 바꿔줍니다.

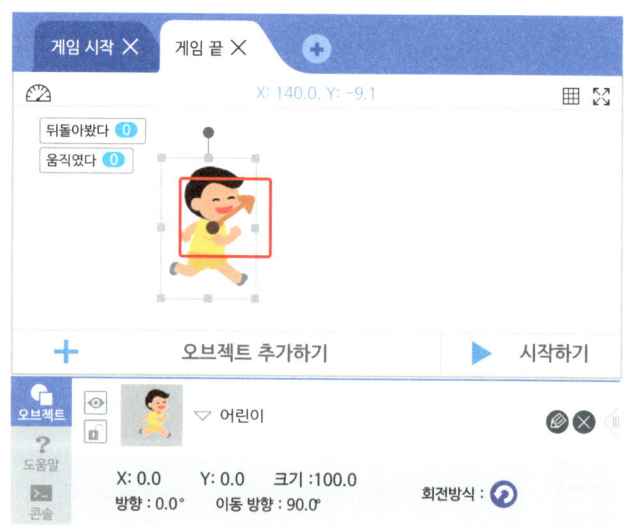

〈그림 4-11〉 어린이 이동 방향 바꾸기

그리고 그림 4-12와 같이 코딩을 합니다.

게임에서 졌으니 화가 난 어린이가 여기저기 돌아다니는 겁니다.

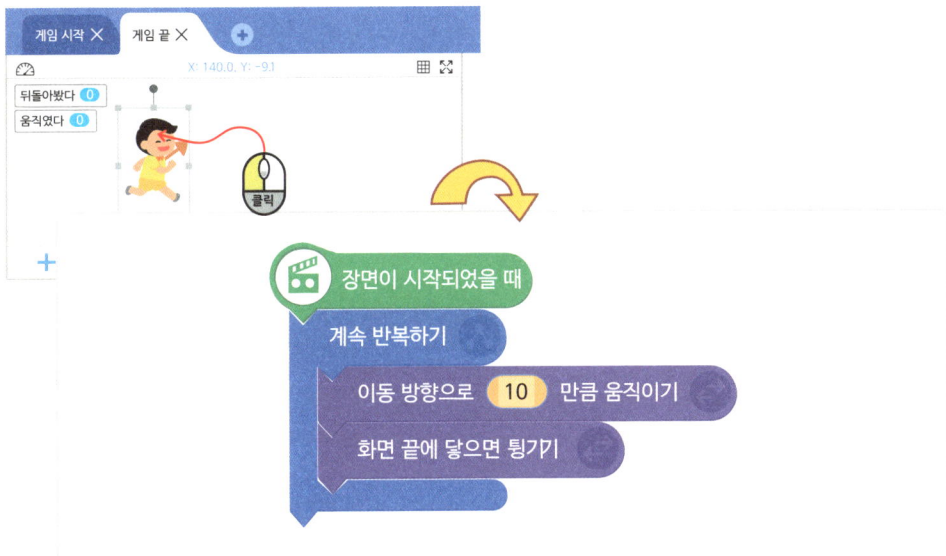

〈그림 4-12〉 움직이는 어린이

〈오브젝트 추가하기〉로 글상자를 만들고 글자는 검정색, 바탕은 노란색으로 하고 '다시'라고 씁니다.

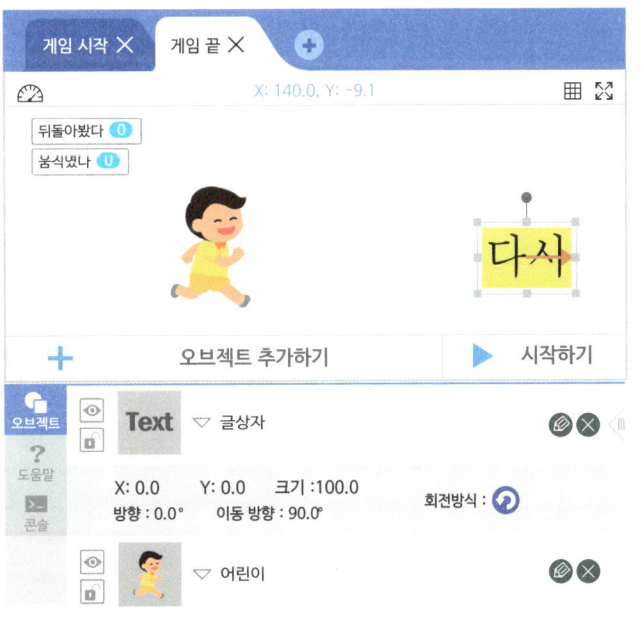

〈그림 4-13〉 글상자 넣기

이 글상자를 클릭하면 처음 장면인 〈게임 시작〉 장면이 시작되도록 그림 4-14와 같이 코딩을 합니다.

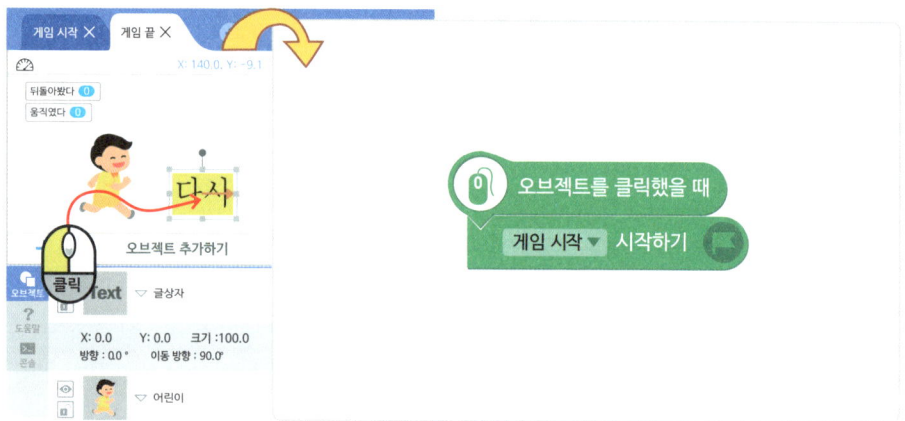

〈그림 4-14〉 〈게임 시작〉 장면 시작하기

장면이 바뀌었을 때 명령어가 제대로 실행되려면 〈장면이 시작되었을 때〉 명령어를 사용해서 코딩을 해야 합니다.

그림 4-15처럼 〈장면이 시작되었을 때〉 명령어를 사용하여 코딩을 더 해야 합니다. 그러면 〈시작하기 버튼을 눌렀을 때〉와 같은 일을 하게 됩니다.

'어린이'와 '좀비'에서 〈시작하기 버튼을 클릭했을 때〉 명령어와 연결된 명령어들을 확인합니다. 이것들을 복사해서 〈장면이 시작되었을 때〉 명령어와 연결해 줍니다.

〈그림 4-15〉 명령어 바꾸기

'좀비' 오브젝트도 마찬가지입니다.

장면이 바뀌면 〈시작하기 버튼을 눌렀을 때〉와 같은 일을 하도록 코딩을 더 합니다.

〈게임 끝〉 장면을 그림 4-16과 같은 어두운 느낌의 배경으로 만들고 배경 음악을 넣습니다.

〈오브젝트 추가하기〉-〈오브젝트 선택〉-〈배경〉에서 공동묘지를 가져옵니다.

배경은 오브젝트 순서 중 제일 밑으로 보내야 다른 오브젝트들을 볼 수 있습니다.

〈그림 4-16〉 배경 넣기

4. 무궁화 꽃이 피었습니다 2

배경을 선택하고 배경음악을 넣습니다. 배경음악은 '아기 울음소리1'입니다.

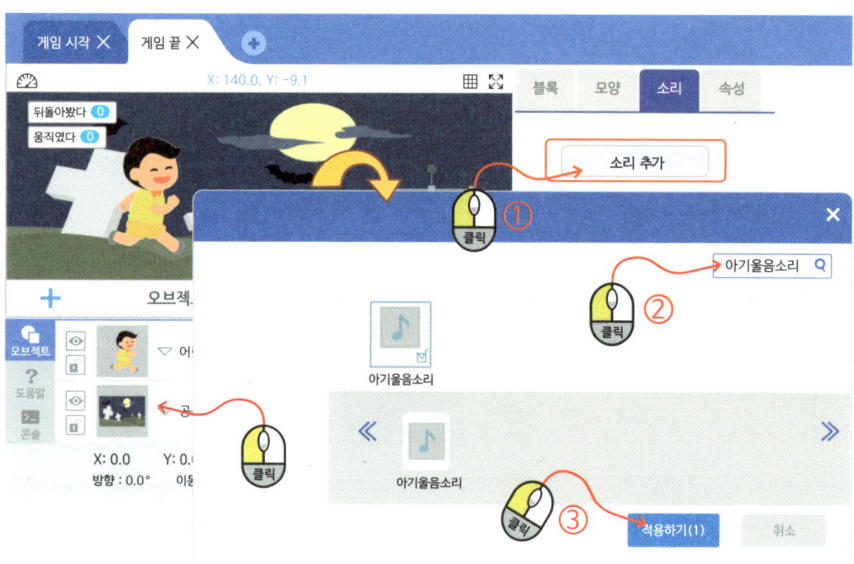

〈그림 4-17〉 배경음악 넣기

배경에 그림 4-18과 같이 코딩을 합니다. 이제 배경음악은 쉽게 코딩할 수 있겠죠?

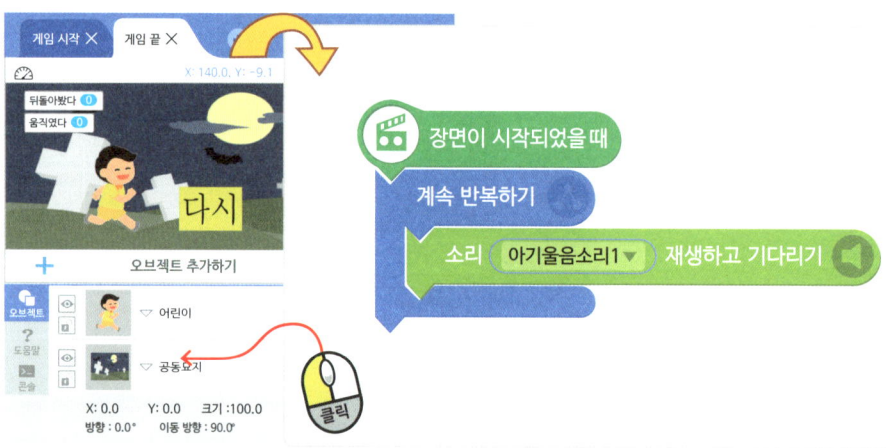

〈그림 4-18〉 배경 음악

완성된 코딩 정리

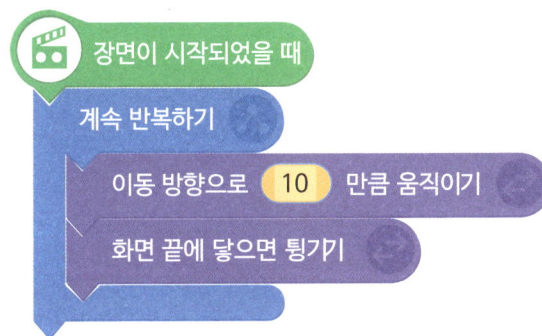

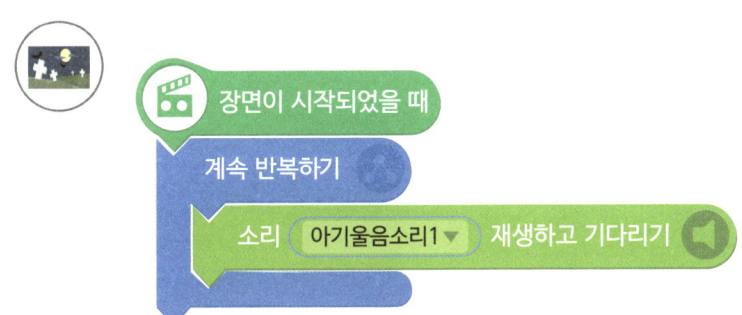

4. 무궁화 꽃이 피었습니다 2

〈게임 시작〉으로 가서 코딩을 합니다. 이제 어린이가 좀비의 등을 치고 원래 자리로 돌아오도록 해봅시다. 이렇게 어떤 일이 생기면 신호나 변수를 사용해서 코딩을 합니다. 〈등을 쳤다〉 신호를 만듭니다.

〈그림 4-19〉 〈등을 쳤다〉 신호 만들기

어린이가 좀비에 닿으면 〈등을 쳤다〉 신호를 보냅니다.
어린이를 클릭하고 코딩을 합니다.

〈그림 4-20〉 〈등을 쳤다〉 신호 보내기

이 신호는 자기한테 보내는 것입니다. 그림 4-21과 같이 코딩을 하면 어린이가 〈등을 쳤다〉 신호를 받았을 때 자신의 다른 코드를 멈추게 됩니다.

〈그림 4-21〉 자신의 다른 코드 멈추기

즉 그림 4-22의 코드가 전부 실행이 안 되도록 합니다. 그러면 더 이상 오른쪽으로 이동할 수도 없고, 〈등을 쳤다〉라는 신호도 보내지 않게 됩니다. 〈등을 쳤다〉라는 신호는 한 번만 보내면 됩니다. 그리고 〈장면이 시작되었을 때〉 명령어를 사용해서 똑같이 코딩을 더 해야겠죠?

〈그림 4-22〉 멈추는 코드

4. 무궁화 꽃이 피었습니다 2

그리고 '등을 쳤다'라고 말합니다. 그 다음 왼쪽 화살표를 누르면 왼쪽으로 이동하도록 그림 4-23과 같이 코딩을 합니다.

'빼기 2'라는 것은 '반대 방향으로 2만큼'이라는 뜻입니다. 즉 왼쪽으로 이동하는 것이죠.

〈그림 4-23〉〈왼쪽 화살표 키가 눌러져 있는가?〉 명령어 사용하여 코딩하기

〈그림 4-24〉 장면 창

어린이가 소리를 낼 수 있도록 어린이를 클릭하고 '또이' 소리를 넣습니다.

〈그림 4-25〉 소리 추가

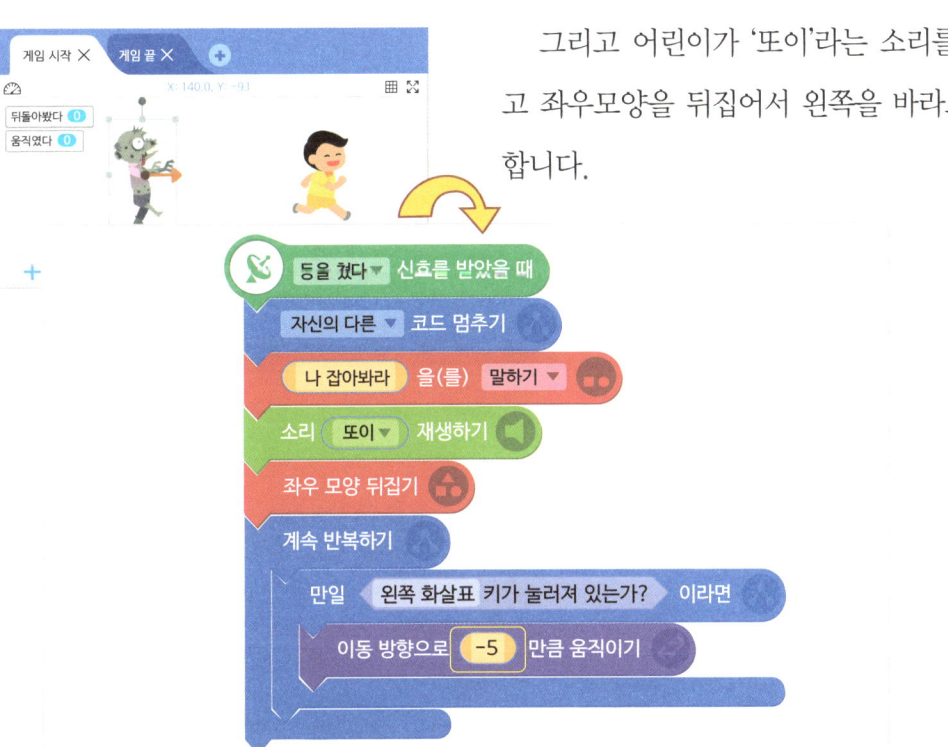

그리고 어린이가 '또이'라는 소리를 내고 좌우모양을 뒤집어서 왼쪽을 바라보게 합니다.

〈그림 4-26〉 어린이 모양 뒤집기

4. 무궁화 꽃이 피었습니다 2

−5만큼 움직이니 너무 빠른 것 같아서 −2로 바꿉니다.

〈그림 4-27〉 −2로 바꾸기

그리고 〈나 잡아봐라〉 신호를 만들어서 보냅니다.

〈그림 4-28〉 〈나 잡아봐라〉 신호 만들기

〈그림 4-29〉〈나 잡아봐라〉 신호 보내기

〈그림 4-30〉 장면 창

4. 무궁화 꽃이 피었습니다 2

좀비가 〈나 잡아봐라〉 신호를 받으면 자신의 다른 코드를 멈추고 1초 있다가 왼쪽을 봅니다. 그리고 왼쪽으로 3만큼 계속 움직입니다.

어린이를 잡으려고 열심히 쫓아가는 것이죠.

〈그림 4-31〉 좀비에 코딩

어린이는 열심히 도망가서 왼쪽 벽에 닿으면 게임에서 이기게 됩니다.

빨간색으로 표시한 곳이 왼쪽 벽입니다.

〈그림 4-32〉 왼쪽 벽

벽의 종류를 그림 4-33과 같이 고를 수 있습니다.

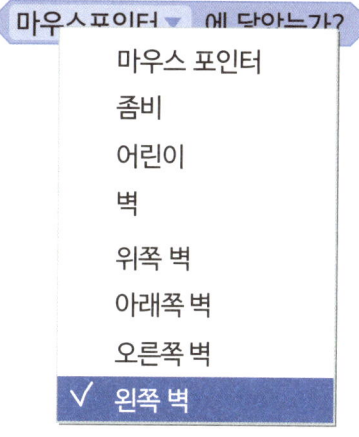

〈그림 4-33〉 벽 종류 고르기

장면을 하나 더 만들고 이름을 '게임 승리'로 바꿉니다.

〈오브젝트 추가하기〉에서 '엔트리봇'과 '들판(1)'을 가져와 그림 4-34와 같이 만듭니다.

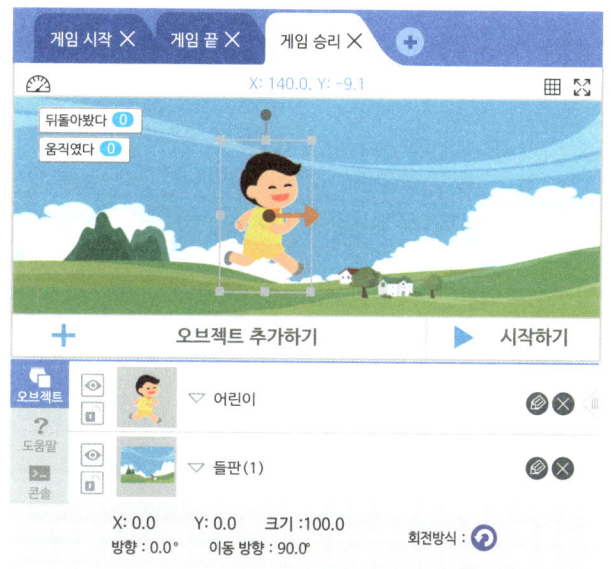

〈그림 4-34〉 〈게임 승리〉 장면 만들기

4. 무궁화 꽃이 피었습니다 2

어린이가 왼쪽 벽에 닿으면 〈게임 승리〉 장면이 시작하도록 어린이에 그림 4-35와 같이 코딩을 합니다.

〈그림 4-35〉 〈게임 승리〉 시작하기

이겼으면 이겼다는 것을 알려주는 장면으로 바꿔야겠죠?

〈게임 승리〉 장면으로 가서 그림 4-36과 같이 어린이의 이동방향을 좌우방향으로 정합니다.

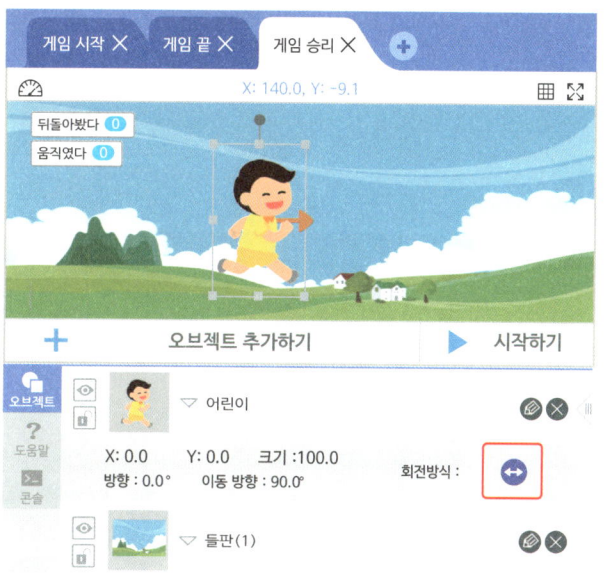

〈그림 4-36〉 회전방식 바꾸기

회전방식을 그림 4-36처럼 정하면 오브젝트가 벽에 닿았을 때 좌우로 뒤집히게 됩니다. 그러면 왼쪽-오른쪽을 계속 왔다 갔다 하는 것처럼 보입니다.

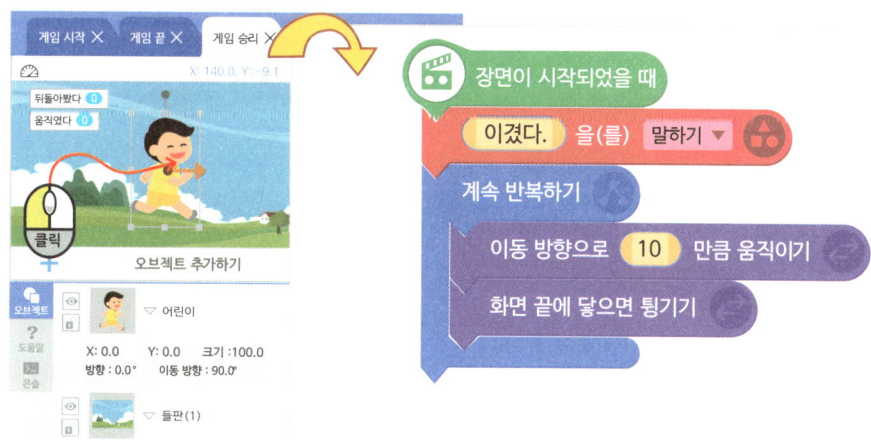

〈그림 4-37〉 이동하기

'들판(1)' 배경을 선택합니다. 들판 배경에서 변수를 모두 숨깁니다. 그리고 〈소리 추가〉에서 박수갈채 소리를 넣고 장면이 시작되면 박수갈채 소리가 나오도록 그림 4-38과 같이 코딩을 합니다.

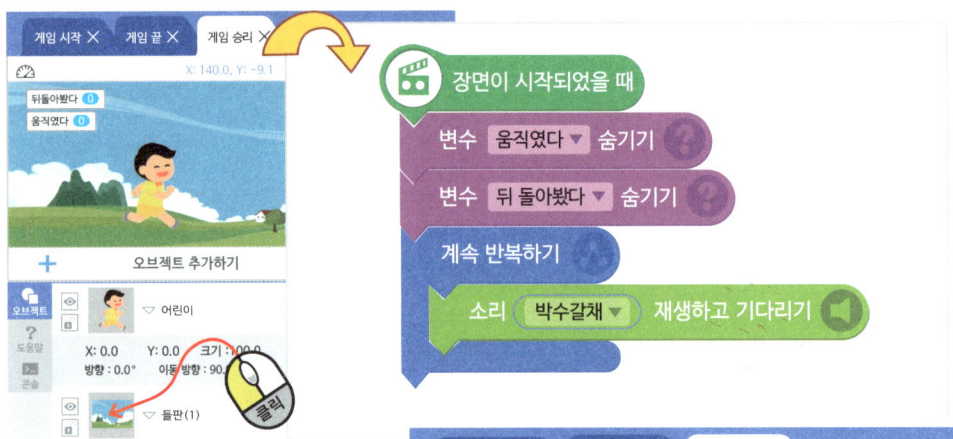

〈그림 4-38〉 소리 내기

〈그림 4-39〉 장면 창

완성된 코딩 정리

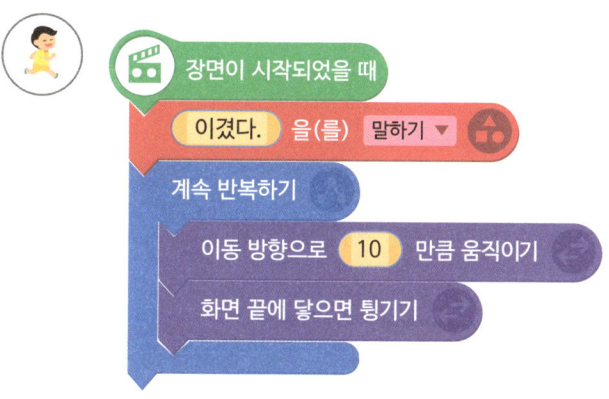

4. 무궁화 꽃이 피었습니다 2

〈게임 시작〉 장면에서 좀비를 선택하고 코딩을 합니다.

좀비가 어린이를 쫓아가다가 어린이에 닿으면 〈게임 끝〉 장면이 시작하면 되겠죠?

〈그림 4-40〉〈게임 끝〉 장면 시작하기

완성된 코딩 정리

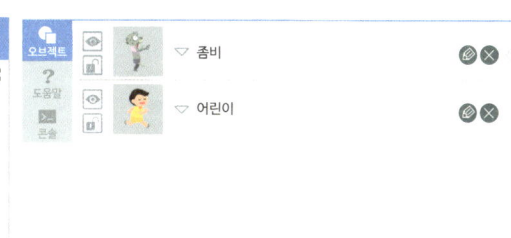

장면이 시작되었을 때
- 계속 반복하기
  - 만일 오른쪽 화살표 키가 눌러져 있는가? 이라면
    - 움직였다 를 1 로 정하기
    - 이동 방향으로 5 만큼 움직이기
  - 아니면
    - 움직였다 를 2 로 정하기

시작하기 버튼을 클릭했을 때
- 계속 반복하기
  - 만일 오른쪽 화살표 키가 눌러져 있는가? 이라면
    - 움직였다 를 1 로 정하기
    - 이동 방향으로 5 만큼 움직이기
  - 아니면
    - 움직였다 를 2 로 정하기

등을 쳤다 신호를 받았을 때
- 자신의 다른 코드 멈추기
- 나 잡아봐라 을(를) 말하기
- 소리 쏘이 재생하기
- 좌우 모양 뒤집기
- 나 잡아봐라 신호 보내기
- 계속 반복하기
  - 만일 왼쪽 화살표 키가 눌러져 있는가? 이라면
    - 이동 방향으로 -2 만큼 움직이기
  - 만일 왼쪽 벽 에 닿았는가? 이라면
    - 게임 승리 시작하기

장면이 시작되었을 때
- 계속 반복하기
  - 만일 좀비 에 닿았는가? 이라면
    - 등을쳤다 신호 보내기

시작하기 버튼을 클릭했을 때
- 계속 반복하기
  - 만일 좀비 에 닿았는가? 이라면
    - 등을쳤다 신호 보내기

4. 무궁화 꽃이 피었습니다 2

완성된 코딩 정리

엔트리로 '무궁화 꽃이 피었습니다' 게임을 만들어 보았습니다. 여러분의 멋진 아이디어로 더 재미있는 '무궁화 꽃이 피었습니다' 게임을 만들어 보세요.

이 책으로 코딩을 공부하면서 여러분의 생각하는 힘이 많이 커졌을 거라고 믿습니다. 앞으로 더 열심히 공부해서 우리를 불편하게 하는 많은 문제를 해결하고 세상을 더 멋지게 만드는 슈퍼 히어로가 되길 바랍니다.

그리고 순서, 반복, 조건, 함수 그리고 변수를 꼭 기억하세요.

2권에서는 초등학교 2학년에서 배우는 내용으로 즐겁게 코딩을 배워 보겠습니다.

 ## 배운 내용을 정리해요.

좀비를 넣고 그림과 같이 이동방향을 정했습니다. 오른쪽 화살표키를 누르면 오른쪽으로 이동하도록 코딩한 것을 아래에서 고르세요.

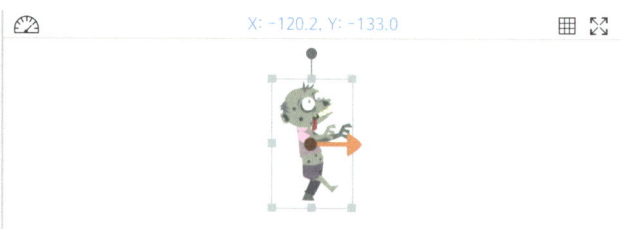

ㄱ.
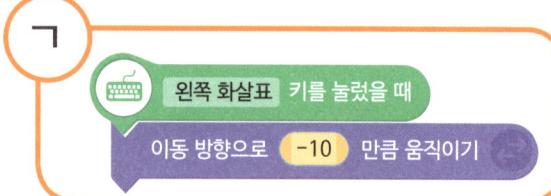

ㄴ.
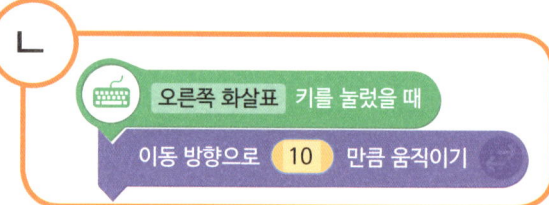

ㄷ.
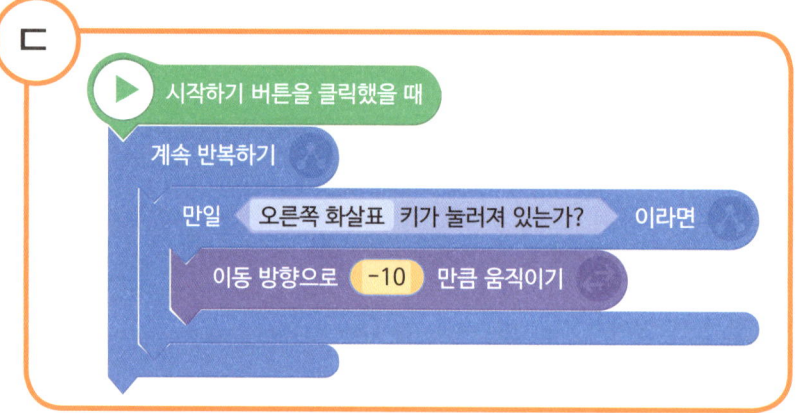

스스로 평가해요. | 확인

1	변수로 오브젝트가 어떤 상태인지 나타낼 수 있어요.	
2	〈자신의 다른 코드 멈추기〉 명령어를 사용할 수 있어요.	
3	화살표 키로 오브젝트를 움직일 수 있어요.	
4	〈무궁화 꽃이 피었습니다〉 게임을 만들 수 있어요.	

답은 토마토북 카페(http://cafe.naver.com/arduinofun)에서 확인할 수 있습니다.